OS PODERES DA MENTE

COORDENAÇÃO EDITORIAL
Prof. Paulo Sérgio

Literare Books
INTERNATIONAL
BRASIL · EUROPA · USA · JAPÃO

Copyright © 2021 *by* Literare Books International.
Todos os direitos desta edição são reservados à Literare Books International.

Presidente:
Mauricio Sita

Vice-presidente:
Alessandra Ksenhuck

Diretora de Projetos:
Gleide Santos

Diretora Executiva:
Julyana Rosa

Diretor de marketing e desenvolvimento de negócios:
Horacio Corral

Relacionamento com o cliente:
Claudia Pires

Editor:
Enrico Giglio de Oliveira

Capa:
Paulo Gallian

Diagramação:
Gabriel Uchima
Victor Prado

Revisão:
Ivani Rezende

Impressão:
Paym

Dados Internacionais de Catalogação na Publicação (CIP)
(eDOC BRASIL, Belo Horizonte/MG)

P742   Os poderes da mente / Coordenador Paulo Sérgio Buhrer. – São Paulo, SP: Literare Books International, 2021.
112 p. : il. ; 14 x 21 cm

Inclui bibliografia
ISBN 978-85-9455-290-7

1. Autorrealização. 2. Controle da mente. 3. Técnicas de autoajuda. I. Buhrer, Paulo Sérgio.

CDD 158.1

Elaborado por Maurício Amormino Júnior – CRB6/2422

Literare Books International Ltda.
Rua Antônio Augusto Covello, 472 – Vila Mariana – São Paulo, SP.
CEP 01550-060
Fone/fax: (0**11) 2659-0968
site: www.literarebooks.com.br
e-mail: contato@literarebooks.com.br

Prefácio

Eu tenho a força!!!

Lembro que, quando eu era criança, adorava assistir ao *He-Man*, um super-herói fabuloso. O personagem Adam, quando ele ou algum amigo seu estava em perigo, se transformava em He-Man para salvar a todos. Talvez você, mais adolescente, não o conheça, mas pela mesma razão – a adolescência – sei que o Google pode ajudá-lo com esse detalhe.

O He-Man tinha uma espécie de grito de guerra: *Eu tenho a força*. Toda vez que sacava sua espada, esbravejava, e então assumia um poder descomunal.

O livro *Os poderes da mente* pode propiciar isso a você: **uma força mental extraordinária.** Essa força deve ser usada o tempo todo, para que você possa treinar seu cérebro a ter conexões neurais positivas duradouras, que serão a faísca para incendiar suas reações e atitudes com maior vigor energético e não apenas quando estiver em perigo, seja na sua vida pessoal, profissional, ou nas suas relações afetivas.

Em meu livro, *Mente de vencedor*, abordo os 5 passos que ajudam a construir uma mente vencedora: **pensamentos positivos, crenças estimulantes, blindagem mental, sonhos grandes e casca grossa.** A obra que você tem em mãos vai nessa mesma linha, pois tem como objetivo ajudar você a revolucionar seus resultados em todas as áreas da sua vida por meio de métodos, ensinamentos e dicas para começar a aplicar toda vez que concluir a leitura de um capítulo.

Quando Maurício Sita, presidente da Literare Books, me convidou para organizar este livro, eu logo percebi que o material seria fantástico, e começamos então a garimpar pessoas com conteúdo e boas histórias para contar, além de conhecimento e experiência sobre o assunto, para que pudéssemos ajudar você, leitor.

Por isso, o livro todo ficou fácil de se compreender, uma leitura gostosa, cativante, por vezes emocionante.

Nessa jornada eu tenho certeza de que, se você se dedicar, se doar à leitura e ao aprendizado por inteiro, vai encontrar a força, os seus poderes mentais para desbravar os caminhos que o levarão ao seu sucesso de uma maneira completa, que para mim é: **procurar estar o mínimo**

de vezes possível sozinho à mesa. Afinal, raramente vejo alguém "poderoso" mentalmente, feliz com seu saldo bancário, mas sozinho na ceia de Natal. Sucesso é estar rodeado de pessoas boas e de muito amor. Quando apenas a conta bancária interessa, me parece ser fracasso o que a pessoa procura!

Que o seu "Adam" descubra o poder interior, e se transforme no "He-Man" que você é!

Forte abraço, fique com Deus, sucesso e felicidades sempre!

Prof. Paulo Sérgio

SUMÁRIO

Prof. Paulo Sérgio
Prefácio 3

Ana Paula de Jesus Vieira
O poder da ação mental criativa 7

Cleber Mesquita dos Santos
O *mindset* de Jesus e a hora da dor 15

Cristina Ferreira Alves Lopes da Costa
Você é um ser humano sustentável? 23

Débora Silva
Razão ou emoção: qual escolher para alcançar os seus objetivos? 31

Edyclaudia Gomes de Sousa
Sob a lente da influência 39

Elaine Serra
Uma breve história sobre a influência da mente do fundador nos resultados dos negócios 47

Erivelton Cândido
Mude sua mente, transforme sua vida 55

Fabiana Weiss
Poder da mente: que bicho é esse? 63

Fernando Perri
Silencie a sua mente 69

José Machado dos Santos
O poder do efeito placebo 77

Lucas Pereira
Autocura emocional: transformando a mente pela meditação..85

Rosa M. de Gaetano
Como controlar a ansiedade a partir do acesso ao seu inconsciente ou ao campo da potencialidade pura..93

Sidney Botelho
Os pontos fundamentais que precisamos saber para fortalecer a nossa mente..................99

Wayne Porto Colombo
O poder da mente na materialização das ideias..107

Os poderes da mente

CAPÍTULO 1

O poder da ação mental criativa

Neste capítulo, você compreenderá os princípios básicos para controlar a emoção e blindar a sua mente de maneira contínua diante das circunstâncias atuais, contribuindo assim para uma vida individual e coletiva plena e saudável, compreendendo o papel da mente diante das complexidades e dos labirintos cotidianos de maneira autônoma e criativa.

Ana Paula de Jesus Vieira

Ana Paula de Jesus Vieira

Formação Master em Hipnose Clínica Avançada (2020), Instituto PI Hipnose. Professora. Mestre pela Universidade Fernando Pessoa (2018) – Cidade do Porto, Portugal. Mestrado em Docência e Gestão da Educação. Intercâmbio cultural pela Inlíngua Vancouver, Canadá. Especialista em Metodologia do Ensino de Língua Inglesa pela Fundação Visconde de Cairu (2014). Especialista em Estudos Linguísticos e Literários pela Universidade Federal da Bahia (2010). Licenciada em Letras (Inglês e Português) pela Faculdade de Tecnologia e Ciências (2008).

Contatos
professoravieira08@gmail.com
Instagram: @anapaulavieiraoficial08
75 99859-0074

Ana Paula de Jesus Vieira

> O estresse não é uma simples emoção que acaba por passar, deixa mazelas, pode provar doenças. O estresse libera a hormona cortisol relacionada ao aumento de gordura no corpo, à volta dos órgãos, denominada gordura visceral. A acumulação dessa gordura é prejudicial ao corpo, uma vez que as células gordas podem prejudicar o funcionamento de órgãos como o fígado e o cérebro.
>
> **Rute Caldeira**

Compreendendo as doenças emocionais

As doenças psicossomáticas têm crescido recentemente, elevando assim os dados da Organização Mundial da Saúde. A consequência desse fato é a instabilidade emocional que afeta o nosso corpo, ocasionando o surgimento de doenças psicossomáticas. As doenças do século XXI são inúmeras: crises de ansiedade, medo e depressão, em detrimento de uma insatisfação profissional, frustração amorosa, conflito familiar. A comparação exacerbada com a vida alheia estampada nas redes sociais, os transtornos e síndromes que se tornaram cada vez mais "comuns" no nosso cotidiano são absorvidos por nossa mente e refletidos fisicamente como patologias.

O renomado psiquiatra, cientista, pesquisador e escritor brasileiro, Dr. Augusto Cury, salienta que: "muitas celebridades, líderes políticos, milionários e poderosos reis tiveram, como qualquer ser humano, fome e sede da felicidade inteligente e da saúde emocional, mas poucos as alcançaram". O medo não declarado de um mundo desconhecido nos impede de acreditar nos sonhos mais lindos. Muitas pessoas permanecem em relacionamentos abusivos que nada acrescentam; outras estão a fazer um trabalho que não as satisfaz e no qual não acreditam. Pessoas levam décadas para liberar o perdão de um acontecimento conflitante ou doloroso, estendendo assim anos e anos de sofrimento que deveria ser evitado ou, até mesmo, nem existir.

Qual raiz tem contribuído para determinado padrão? Tudo tem uma razão de ser, as coisas não são construto do mero acaso. Confú-

Os poderes da mente

cio traz à nossa memória uma inesquecível premissa: "não devemos fazer aos outros o que não queremos que nos façam". Quando perdemos o controle emocional, nos tornamos mendigos miseráveis no território da emoção. Quando o ser humano não tem a idade emocional condizente com a idade cronológica, ele vai sobrevivendo encarcerado pelas ruínas emocionais.

Por vezes, ferimos as pessoas que estão ao nosso lado passando por um conflito existencial gigantesco. A nossa mente sempre irá projetar o que está oculto em nós. Geralmente quem fere está com uma chaga aberta e a agressão é um grito de socorro para amenizar a própria dor. Não é tão difícil se libertar de uma dor emocional. As atitudes não são conscientes. Se fossem, seria fácil se desfazer delas. Reconhecer a dor é imprescindível para liberá-la. Ter convicção e certeza da realidade é a forma eficaz de transformá-la.

As dores são reflexos físicos de uma realidade mental projetada em nosso corpo. O Livro de Provérbios, capítulo 23, versículo 7 afirma: "Porque, como imaginou na sua alma, assim é". O Dr. Augusto Cury nos oferece uma poderosa ferramenta para anular os pensamentos negativos que tentam nos afligir furtando nossa paz e tranquilidade. Essa ferramenta é conhecida como D.C.D. – Duvidar, Criticar, Determinar.

Duvide de todos os pensamentos negativos que fazem você perder o foco e se sentir inapta para realizar seus projetos. Critique pessimismo, impotência, crença negativa, passividade, falta de iniciativa. Decida ser protagonista da sua história e dono de suas emoções, defina suas metas mais audaciosas e ousadas, se desafie. Nem tudo que sentimos é realmente aquilo que se apresenta. Precisamos duvidar de tudo que sentimos e nos questionar se vale a pena realmente abrir mão da nossa paz interior e sentir egoísmo, raiva, cobiça, ciúme, ódio, medo, desespero. Quanto a isso, Napoleon Hill faz a seguinte abordagem: "o homem é o único ser do reino animal que, pelo funcionamento da mente consciente, pode voluntariamente controlar as emoções a partir de seu interior, ao invés de ser forçado a fazê-lo por influências externas."

O nosso estilo de vida tem alterado o funcionamento cerebral e o nosso corpo corresponde a tal alteração. Um exemplo dessa afirmação é a depressão, considerada o mal do século. Os brasileiros nunca consumiram tanta medicação como têm consumido ultimamente, o que muitos não sabem é que a medicação é apenas um paliativo, que tem a finalidade de mascarar o real problema. Além disso, como todo fármaco, esses medicamentos têm contraindicação; na maioria das vezes, os remédios são mais prejudiciais que o problema para o qual foi prescrito. Uma vez ingerido, permanece no organismo por até 18 horas.

De acordo com os dados da Organização Mundial da Saúde (OMS), a depressão tem atingido a população de forma exponencial, contudo a Síndrome do Pensamento Acelerado (SPA) poderá chegar a um percentual quatro vezes maior. O pensamento excessivo assola a humanidade moderna de forma silenciosa, de modo a proporcionar esgotamento mental, resultando em diversos tipos de ansiedades: transtorno obsessivo-compulsivo (TOC), transtorno do pânico e síndrome de *burnout*, adoecendo assim de forma coletiva como consequência do uso compulsivo de computador, internet, celular e redes sociais. Todavia, a ansiedade causada pela SPA supera todas as outras.

De acordo com o Dr. Augusto Cury, podemos enumerar os 16 sintomas da SPA:

1. ansiedade;
2. mente inquieta ou agitada;
3. insatisfação;
4. cansaço físico exagerado, acordar cansado;
5. flutuação emocional;
6. irritabilidade;
7. impaciência;
8. dificuldade de lidar com a rotina;
9. dificuldade de lidar com as pessoas lentas;
10. baixo limiar para suportar frustrações (pequenos problemas causam grandes impactos);
11. dor de cabeça;
12. dor muscular;
13. compulsão alimentar;
14. outros sintomas psicossomáticos (queda de cabelo, taquicardia, aumento da pressão arterial etc.);
15. déficit de concentração;
16. déficit de memória.

Vivemos num contexto em que a boneca, a bola e os demais brinquedos foram substituídos por *tablets*, celulares, TVs, jogos eletrônicos. Crianças, adolescentes e jovens estão inseridos nesse contexto e isso agride o desenvolvimento emocional e psicológico. A hiperatividade, tão proclamada hoje, não é algo isolado. Está associada aos sintomas da SPA. Se a nossa mente está agitada, o mundo ao nosso redor também ficará barulhento. O ambiente externo é um reflexo do mundo interno.

Os poderes da mente

Como a nossa mente funciona?

> As coisas que não sabemos são maiores do que as coisas que sabemos. Especialmente no que diz respeito a nossa mente. A mente de qualquer pessoa é capaz de coisas inacreditáveis. Estamos falando do cérebro humano, que edificou as pirâmides, curou varíola e enviou um homem para a lua.
>
> **Lior Suchard**

A nossa mente é algo precioso e incrível. Leonardo da Vinci fez o uso de todos os atributos de sua mente, explorando 100% de sua eficácia. Ele é conhecido no mundo inteiro por suas fabulosas pinturas, entre elas, *Monalisa* e *A última ceia*. Além de um excepcional pintor, era escultor, arquiteto, músico, cientista, matemático, engenheiro, inventor, anatomista, geólogo, cartógrafo, botânico e escritor. A mente humana cria e realiza algo, além de desenvolver nossas faculdades intelectuais. Etimologicamente falando, origina-se do latim *mens* – significa um fenômeno complexo, que se associa ao pensamento, potência intelectual da alma. Embora estejamos a viver no século XXI, falar sobre o funcionamento da mente e seus respectivos poderes ainda é um desafio gigantesco.

Em nosso cotidiano, percebemos a preocupação demasiada com a saúde física, no entanto, a mesma atenção não é direcionada à nossa saúde mental. Sabe-se pouco sobre o poder existencial da nossa mente. Joseph Murphy salienta que "você pode usar a eletricidade para matar alguém ou iluminar a casa, usar água para afogar uma criança ou saciar-lhe a sede. O bem e o mal têm origem no pensamento e na intenção da mente da pessoa."

Partindo desse princípio, falaremos sobre o funcionamento da nossa mente. Na verdade, temos três mentes: a consciente, a subconsciente e a inconsciente. Você sabe a diferença entre cada uma delas? Na maioria das vezes, quando alguém sofre um acidente, a primeira pergunta que se faz é se a vítima está consciente. Estar nesse estado de consciência subtende-se que a pessoa é capaz de gerenciar seus desejos e atenção para falar, questionar, analisar, refletir, calcular, ler, escrever, se localizar no tempo e no espaço em que ela se encontra para se alimentar, viajar, ir ao mercado, à farmácia, à praia, ao cinema.

Essa parte da nossa mente é também conhecida como neocórtex, racional, analítica e lógica. O tempo todo somos impelidos a analisar pessoas e ambientes. Contudo, não somos apenas corpo consciente. De acordo com os maiores estudiosos mundiais nos âmbitos cognitivo e cerebral, apenas 5% de tudo que pensamos nos representa verdadeiramente. E os outros 95%? Estão fora do alcance da mente consciente.

A raça humana é resultado de um processo evolutivo e isso inclui uma gama de aprendizado de milhões de anos. As nossas funções primordiais e básicas entre o instinto de sobrevivência e o ato de reproduzir é algo intrínseco ao ser humano. É algo que já nascemos aptos para desenvolver, que nascemos prontos; não é algo desenvolvido ao longo dos anos. Faz parte da nossa programação humana. A mente inconsciente também é chamada de cérebro reptiliano, é a mesma estrutura cerebral de répteis. Por ser primitivo, tem a incumbência de lutar pela sobrevivência. Essa parte da nossa mente trabalha de forma involuntária. Se uma criança estiver em perigo, é a parte do cérebro que será acionada para ativar o papel protetor dos responsáveis: pais, cuidadores ou familiares. Se um adulto está em perigo, o corpo dele, automaticamente, se prepara para a fuga: pula muro, escala árvore.

O nosso cérebro não depende da nossa vontade para entrar em ação, simplesmente desempenha o papel que deve desempenhar naquele momento. Não temos o controle de todas as ações que fazemos: agora vou piscar os olhos, respirar, minha pressão arterial ficará em doze por oito daqui a cinco minutos, o ferimento vai cicatrizar daqui a cinco dias; estes são fatos que acontecem involuntariamente.

O subconsciente ou cérebro límbico registra tudo sem pedir autorização, ou seja, sem critério estabelecido, uma vez que é nessa área cerebral que se instalam as crenças e condicionamentos do emocional do indivíduo. Músicas, perfumes e sabores têm memórias que nos remetem a um momento pretérito de nossas vidas, independem do local ou espaço que acontecem. São as experiências arquivadas na memória que podemos experienciar novamente em um novo momento de nossas vidas de acordo com os estímulos.

Em tese, temos três mentes, sendo duas irracionais, que vêm à tona sem o nosso controle. E uma única parte, a racional, direcionando as ações: estando no controle da situação. O objetivo da nossa estrutura mental é para nos proteger de nós mesmos. Já pensou se tivéssemos acesso a tudo que nos aconteceu ao longo da vida inteira? Se não tendo, perdemos tempo nos fatos passados e no que virá, imagine se a nossa memória não tivesse o papel de apagar e editar as nossas lembranças. Por isso, é vital cuidar do nosso aqui e agora pelas nossas palavras, ações, atitudes, relacionamentos. Se não estivermos atentos ao momento presente, nossa mente consciente pode criar falsas verdades no nosso subconsciente, que poderão surgir no tempo presente como verdade absoluta.

Vivemos em um momento de dietas e *detox* do corpo. Que esta também seja a nossa prática no que se refere ao nosso bem maior, a máquina perfeita com a qual o Criador nos presenteou. Pare de nutrir a sua mente com *junk news* o tempo inteiro. Toma café da manhã ouvindo notícias que não elevam e não edificam; o cardápio segue todas as refeições o dia inteiro e ainda dorme com a TV ligada absorvendo tudo que é oferecido de forma passiva. Lembre-se da máxima: "mente sã, corpo são". Você está se matando com doses de veneno ingeridas inconscientemente. Acorde! Faça um *detox* mental e uma dieta: livros, revistas, programas de TV, amizades, rodas de conversas, lugares que te edificam. Se algo furta seu bem-estar, paz e saúde, não é algo digno de você. Escolha as melhores sementes para lançar no terreno das emoções e no solo mental.

Referências
ANTUNES, Celso. *Linguagem do afeto*. Campinas, SP, Papirus, 2005.
ARRUDA, Michael. *Desbloqueie o poder de sua mente*. São Paulo, Gente, 2018.
CALDEIRA, Rute. *Liberta-te de pensamentos tóxicos*. Entrada das Palmeiras, Presença, 2016.
CURY, Augusto. *Gestão da emoção*. São Paulo, Benvirá, 2019.
CURY, Augusto. *Inteligência socioemocional*. Rio de Janeiro, Sextante, 2019.
HILL, Napoleon. *Atitude mental positiva*. Porto Alegre, CDG, 2018.
MURPHY, Joseph. *O poder do subconsciente*. Rio de Janeiro, Viva Livros, 2019.
SUCHARD, Lior. *Como ler mentes*. Petrópolis, RJ, Vozes.

Os poderes da mente

Capítulo 2

O *mindset* de Jesus e a hora da dor

Jesus enfrentou o calvário. Todos nós, em algum momento, ou até mais de uma vez, enfrentamos também. Mas como Ele passou por tudo aquilo e ainda se tornou a liderança e a inspiração que é até hoje? O que norteou seus pensamentos naqueles momentos? Qual a nossa mentalidade na hora da dor para sairmos dela vitoriosos e maiores do que entramos?

Cleber Mesquita dos Santos

Cleber Mesquita dos Santos

Mestrando em Ciências Jurídico-Políticas pela Universidade Portucalense, em Porto, Portugal, com foco em Neuropolítica. Advogado graduado pela Universidade da Amazônia. Administrador graduado pela Universidade Federal do Pará. Certificado em Neurossemântica pelo PhD Michael Hall, do Neuro-Semantics Institute. Certificado em Neurociências pelo Neurogenesis Institute. Autor do artigo "Neuropolítica: a utilização de recursos das neurociências em processos eleitorais', publicado na Revista *Inclusiones* e apresentado para a I Conferência Euroamericana de Direitos Humanos, em 2019, em Coimbra, Portugal. Autor do livro *Os Direitos Humanos, o Brasil e o desafio de um povo*. Auditor de Controle Externo do Tribunal de Contas dos Municípios do Estado do Pará. Professor de cursos de pós-graduação no Núcleo de Meio Ambiente da Universidade Federal do Pará, no IPOG Maceió e na CASP *On-line*.

Contatos
prof.clebermesquita@gmail.com
YouTube: youtube.com/channel/UC_R3-qs8j6-ujwMqakhDq3g
91 98383-8692

Todos nós enfrentamos, em algum momento da vida, adversidades e atribulações. Porém, alguns atravessam essas situações e se tornam pessoas melhores, mais humanas e, ao mesmo tempo, mais espiritualizadas. Outros dão vazão a talentos até então ocultos. Outros ainda passam a se dedicar com mais afinco à realização dos seus sonhos e, efetivamente, os realizam.

Por outro lado, há outro tipo de pessoa. Aquela que, diante da adversidade e da atribulação, torna-se revoltada, amarga, pessimista, fica depressiva e acaba vencida.

O que diferencia uma pessoa da outra, além da reação?

A diferença está no modelo mental de cada um, no *mindset*. Na prática, significa o que a pessoa pensa de si, o que pensa da vida, o que pensa do agora e do que lhe acontece.

A experiência é o que é. A mente humana é que coloca rótulos na experiência. Rótulos como: "bênção", "lição", "castigo divino", "injustiça", "luta" etc.

Mas e, se tivermos que escolher um exemplo de *mindset* que nos ajude a enfrentar esses reveses da vida, quem escolheríamos?

Eu escolhi Jesus. Não o Jesus místico, divino. Este Jesus já teria, naturalmente, condições acima das nossas para passar estoicamente pelo que passou. Mas sim Jesus humano, filho de José e de Maria, Yeshua Ben-Yosef, que trabalhou em uma carpintaria, teve amigos, foi a festas, sorriu, foi perseguido, foi preso, julgado, torturado, abandonado, escarnecido por uma multidão, assassinado e, depois de tudo isso, se tornou uma referência, uma liderança ainda maior do que já era, cujos ensinamentos são de domínio popular no mundo inteiro.

Nem mesmo Buda, Sócrates, Platão, Aristóteles, ou qualquer outro filósofo, ou cientista, ou autor têm suas palavras tão disseminadas, tão pulverizadas e apropriadas por pessoas de todas as idades e classes sociais ao redor de todo o planeta Terra.

Até mesmo no Oriente, em que a maioria dos povos não segue a religião cristã, as pessoas sabem quem é Jesus.

Por esses motivos, O escolhemos. Ele não precisa ser apresentado, já se conhece sua história.

Será o *mindset* desse Jesus, na hora da dor, que analisaremos sucintamente aqui.

Os poderes da mente

Você está satisfeito com o seu trabalho? Ou sente que merece mais, que pode mais, que você é mais? Esse líder acordava todos os dias e ia para a carpintaria ajudar seu pai. Tinha potencial para mais. Porém, não reclamava de ir para a carpintaria. Era aquilo que Ele precisava fazer naquele momento, então o fazia disciplinadamente. Durante mais ou menos uns 20 anos, foi a isso que Jesus se dedicou. E conhecendo-O como hoje O conhecemos, sabendo do seu comprometimento com tudo o que abraçava, imaginemos as peças belas, duradouras e bem-acabadas que deve ter produzido. Ele podia mais. Ele era mais. Contudo, deu o seu melhor enquanto ali trabalhou, sem se queixar, obediente e disciplinado.

Só aí já temos um *mindset* para quando acordarmos todas as manhãs, para quando vamos fazer qualquer coisa de má vontade. Por maior que seja o nosso potencial para outra coisa, façamos o que precisa ser feito, da melhor forma possível. Pois quem não tem disciplina para se dedicar e se comprometer com o trabalho que provê o seu sustento e o da sua família, não a terá diante de missões maiores. Quem não tem bom ânimo para executar um serviço manual não dará o seu melhor quando tiver que liderar doze ou quinhentos. Quem não controla suas palavras no cotidiano e maldiz a própria vida, também não conseguirá controlar-se diante de pessoas ardilosas que tentem ludibriá-lo justamente em um jogo de palavras.

Quando Ele contava trinta anos de idade, seu pai veio a óbito. Jesus então decidiu encerrar o compromisso na carpintaria e dedicar-se a algo que alcançasse mais pessoas e desse vazão a todo o conhecimento que possuía. E assim o fez.

Anos mais tarde, após mudar a vida e a mentalidade de tanta gente, quando Ele se encontrava em um momento de oração, visualizou tudo o que iria Lhe acontecer e se assustou, afinal, era humano. Quando sua visão alcançou o seu futuro e enxergou que as pessoas, pelo uso do seu arbítrio, iriam impor-Lhe o chicote, as costas ensanguentadas, a coroa de espinhos, a cruz, a crucificação com cravos nas mãos e nos pés, Ele sentiu medo e pediu à inteligência superior que afastasse d'Ele aquele cálice.

É o que todos pedimos quando aguardamos o resultado de um exame, a resposta de um processo de seleção para um emprego, ou diante de qualquer ameaça. Pedimos a uma inteligência superior, a uma energia superior, a uma bondade maior do que a nossa, que muitos chamam de Deus, que afaste o mal do nosso futuro.

Porém, em seguida, em perfeita coerência com o modelo mental d'Ele, resignou-se e completou a oração da seguinte maneira: "que seja feita a Tua vontade".

Ele sempre transcendeu aos momentos pelos quais passou. Não seria ali que a realidade material venceria seu ânimo. Ele havia assumido um compromisso em ensinar. E o havia feito. Agora, precisava ensinar como enfrentar a dor e ser maior do que ela.

Muita gente vai se curar de câncer. Muita gente vai conseguir emprego. Mas muitos outros não vão. Muitos vão enfrentar adversidades e atribulações inimagináveis e dirão: "nunca pensei que isso fosse acontecer comigo". Jesus precisava ensinar a todos como superar tais momentos. Desde o garoto que não vai conseguir terminar os estudos até a pessoa que vai morrer de câncer. Todos precisam de um modelo mental para serem maiores do que as situações-limite, do que os desafios da vida ou, se preferir rotular de outro jeito, do que as dificuldades, do que a hora da dor, do que o calvário pessoal de cada um.

E qual o modelo mental proposto por Jesus? Ele vivia cercado de amigos e de pessoas que queriam ouvir seus ensinamentos, queriam aprender a viver, a encarar melhor a vida. Vivia cercado de pessoas que ansiavam por curas.

De repente, foi preso. Não havia mais amigos, seguidores, admiradores, nem quem o recebesse em sua casa ou saísse em sua defesa. Ele perdeu tudo. Tudo? Não perdeu o controle da sua mente e das suas emoções.

Não importava as escolhas dos outros. Não importava que Judas O tivesse entregue, ou Pedro O tivesse negado, ou os demais O tivessem abandonado. Não importava o quanto os soldados romanos podiam ser cruéis. Não importava nada do que os outros fizessem. As escolhas d'Ele não seriam determinadas pelos outros. Nunca foram. Não seriam naquele momento

Normalmente, nós agimos como gostaríamos de ser. E reagimos como de fato somos. Ele reagiu como de fato era: manso e pacífico.

A violência dos outros não O tornou violento. O escárnio público não O fez desprezar ou odiar quem O xingava. A mesma pessoa que Ele havia sido pregando, Ele era recebendo chicotadas ou carregando a cruz.

Não se queixou. Não se vitimizou. Não revidou. Não arquitetou vinganças. Não se revoltou. Não praguejou contra Deus, contra o mundo, contra a sua sorte. Ele sempre soube que era abençoado, e continuou sabendo. Ele sempre soube que era bênção para muitos, e continuou sendo. Ele sabia que pessoas precisavam e precisariam d'Ele, por isso precisava ser maior do que aquele momento, maior do que toda aquela dor.

É normal se sentir abandonado. E Ele se sentiu. Tanto que, na cruz, interpelou a Deus porque O havia abandonado. Mas, depois, se recompôs e pediu a esse mesmo Deus que perdoasse aquelas pessoas, porque não sabiam o que faziam. Elas pensavam que estavam fazendo mal a ele, mas estavam fazendo mal a si mesmas. Estavam plantando o que elas mesmas colheriam.

Quando você fica completamente sem dinheiro, vê que o dinheiro acaba, mas você continua.

Quando você fica sem amigos, sem aliados, sem parceiros de negócios ou de farra, descobre que as companhias acabam, mas você continua.

Quando você fica sem aplausos, sem prestígio, percebe que isso acaba, mas você precisa continuar.

Quando você fica sem saúde, também percebe que, por mais que até a saúde acabe, você continua.

Então, desperte para o fato de que você é maior do que tudo isso. Por isso, essas coisas acabam e você fica. Você é maior do que elas. Você é maior do que o dinheiro, do que as companhias, do que os aplausos, do que o prestígio que tinha, você é maior do que a sua própria vida. Ela pode terminar por causa de uma doença, mas a lição de como você enfrentou a dor vai ficar gravada na mente de quem o acompanhou.

Jesus não tinha mais a segurança da carpintaria, a presença dos amigos, a companhia dos seguidores, a paz de quando palestrava. Mas não se tornou uma pessoa pior ou menor por causa disso. Ele controlava a sua mente, o seu ânimo.

A lição do calvário não vem após tudo terminar. A grande lição do calvário é quem você é na hora do calvário, que pessoa você consegue ser na hora da dor. Você consegue ser bom, amoroso, altruísta, solidário? Consegue seguir em frente? Ou fica parado no meio do caminho praguejando revoltado?

Na hora da dor, o foco de Jesus não era a própria dor. Ela não era maior do que Ele. Tanto que cabia dentro da vida d'Ele. Ela não seria a senhora d'Ele, o Deus d'Ele. Se o foco de Jesus fosse a dor, ela teria se imposto a Ele com toda a sua força. Mas o que ocorreu foi o contrário. Ele é que se impôs a ela com toda a sua força, por isso a venceu.

Na hora da dor, seu foco não era torcer para que aquilo tudo acabasse logo. Ele precisava ir além daquele momento. E foi. Transcendeu. Sua conexão com a inteligência superior, com a energia maior, com a bondade suprema, ficou mais forte ainda. Seu foco não eram as pessoas que escarneciam d'Ele. Ele se acolheu, se abraçou, se protegeu da energia delas. Sua mente focou em algo além daquele momento. Talvez visualizasse a si mesmo sendo abraçado pelo Pai de que tanto falara. Talvez sentisse seu ombro, seu abraço forte, seu afago, seu amor. A fixação nesse pensamento O fez viver essa realidade que projetava em sua mente. E não a realidade daquelas pessoas a sua volta.

O que Jesus queria não era água, amigos ou a vida que tinha de volta. Isso tudo era secundário. Mesmo que Ele tivesse essas coisas, nada mudaria. Mesmo que Ele fosse solto naquele momento, continuaria sendo perseguido e voltaria a ser preso meses ou anos depois. O que Jesus queria era prosseguir, um passo de cada vez. Era ir além. Ele sabia que se tivesse, naquele momento, controle dos seus pensamentos e das suas emoções, seria maior e mais forte do que aquela circunstância e, assim, continuaria ensinando, mesmo depois que seu corpo morresse, como de fato continua nos ensinando. A vida terrena de Jesus acabou, mas Ele continua. Como continua a de todo mundo que deixou uma lição válida. Essas pessoas buscaram o que era essencial, principal, e não o que era secundário. Ele buscou esse Deus: o da superioridade àquilo tudo. Qual é o Deus que você está buscando? O emprego é que é o seu Deus? O dinheiro? Crédito? Um relacionamento? Saúde do corpo? Isso é água. Mata a sede naquele momento, como teria saciado a Jesus. Mas não resolve o problema. São deuses pequenos. O Deus que ele buscou era o da superioridade a isso tudo que é material e momentâneo. E ele alcançou esse Deus. De fato, Ele foi superior à raiva, à crueldade, ao desprezo e, principalmente, à dor.

Jesus sabia que o caminho era sem volta. Então buscou outro caminho na mente d'Ele. Aceitou aquela realidade material porque aceitou se tornar maior do que ela.

Ele sempre atendeu aos chamados da vida. Quando a vida O chamou à carpintaria, Ele compareceu; quando que a vida O chamou a falar, Ele falou; quando a vida O chamou a curar, Ele curou; quando a vida Lhe pediu que fosse maior do que tinha sido até então, maior do que a dor, Ele mais uma vez atendeu, sem queixumes ou lamúrias, sem achar que merecia coisa melhor. Jesus simplesmente aceitou.

Sofreu? Sofreu. Era humano! Cerrou os dentes sob a injunção do chicote. Apertou os olhos quando Lhe foi colocada a coroa de espinhos. Vergou carregando a cruz. Contorceu-se à primeira martelada do cravo em suas mãos. Aquilo tudo era uma injustiça, mas Ele não se sentiu um injustiçado. Um injustiçado é vítima, é menor do que seus algozes. Por isso, Ele não colocou em si mesmo esses rótulos.

Jesus se desapegou da vida que tinha antes. Por isso, conseguiu distanciar-se de seu sofrimento naquele momento. Não ficou remoendo o passado nem o presente. Focou no que era superior àquilo tudo: amor, perdão, bondade, lição. Continuou amando, continuou perdoando, continuou ensinando.

E você, quem consegue ser na hora da dor?

Os poderes da mente

CAPÍTULO 3

Você é um ser humano sustentável?

Neste capítulo, trataremos de como o ser humano pode trabalhar a sua sustentabilidade como ser humano que é, a exemplo do que se pratica com a sustentabilidade ambiental.

Cristina Ferreira Alves Lopes da Costa

Os poderes da mente

Cristina Ferreira Alves Lopes da Costa

Médica Veterinária, Mestre em Saúde Animal, Bacharel em Administração e Consultora Empresarial com Especialização em Administração dos Serviços de Saúde e em Empreendedorismo Rural e Desenvolvimento Sustentável. MBA Executivo em Negócios Financeiros, Elaboração e Análise de Projetos Empresariais e em Gestão da Informação no Agronegócio. *Master Coach* com formações em *Personal, Self, Professional, Leader, Business & Executive Coach. Practitioner* em Programação Neurolinguística (PNL). Analista comportamental, Terapeuta quântica e Consteladora sistêmica integrativa, com atuação em desenvolvimento e empoderamento pessoal e profissional, com foco em alta *performance* e liderança ativa, por meio de técnicas, dinâmicas, *assessments* e ferramentas de *coaching*, de PNL e de física quântica.

Contatos
coachcrisferreira@gmail.com
cristinafalcosta.coach@hotmail.com
Facebook: bit.ly/3i817dx
LinkedIn: bit.ly/2DlErHO
Currículo Lattes: bit.ly/2Dqimb7
@coach_crisferreira
91 98068-3308

O termo sustentável está relacionado ao uso dos recursos naturais ofertados pela natureza de maneira consciente. Portanto, quando falamos em ser sustentável, o que nos vem à mente são os pilares do desenvolvimento sustentável nas vertentes econômica, social e ambiental; raramente pensamos na sustentabilidade do ser humano propriamente dita.

Os livros, artigos e sites voltados ao desenvolvimento sustentável referem-se à sustentabilidade como algo que está diretamente ligado a atividades e ações que visam suprir as necessidades dos seres humanos, por meio do desenvolvimento econômico, sem causar danos ao meio ambiente, ou seja, nesse sentido, a preocupação se restringe às questões relacionadas à política, cultura, território, economia, sociedade, ecologia e biologia, questões importantes, porém, de fato, externas ao ser humano como pessoa.

O Relatório Brundtland, elaborado pela Comissão Mundial sobre Meio Ambiente e Desenvolvimento (1983 – Assembleia das Nações Unidas), conceitua o desenvolvimento sustentável como: "O desenvolvimento que procura satisfazer as necessidades da geração atual, sem comprometer a capacidade das gerações futuras de satisfazerem as suas próprias necessidades."

Ou seja, com base nesse conceito, as pessoas devem se preocupar agora e no futuro com um nível de desenvolvimento social e econômico e de realização humana e cultural, com preservação das demais espécies e seus habitats naturais, além da preocupação com o uso racional dos recursos naturais que, como já sabemos, são finitos.

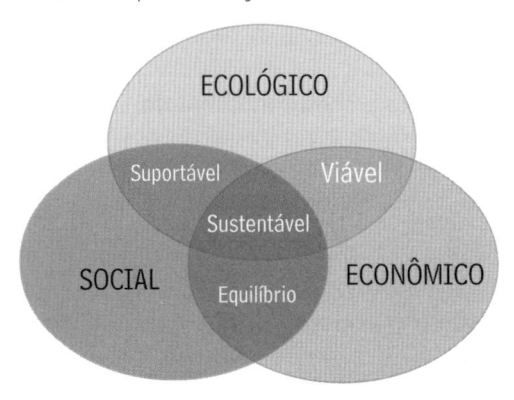

Os poderes da mente

Nesse sentido, Johann Dréo desenhou o esquema anterior, mostrando a intercessão das vertentes do desenvolvimento sustentável, em que, somente com o equilíbrio entre os três pilares, se consegue obter a sustentabilidade.

Mas o que esse homem, que se preocupa tanto com as questões do desenvolvimento sustentável, deve fazer para também ser um humano que garanta a própria sustentabilidade?

O ser humano sustentável é aquele que se preocupa tanto com o desenvolvimento sustentável, considerando o conceito estabelecido no Relatório Brundtland, quanto com a própria sustentabilidade como pessoa.

Fazendo uma analogia: se a sustentabilidade ambiental consiste na manutenção das funções e componentes do ecossistema de modo sustentável, a sustentabilidade do ser humano também deve primar pela manutenção das funções e componentes da mente e do corpo humano de modo sustentável, assim como a sustentabilidade econômica, a qual o ser humano precisa estar atento ao equilíbrio das suas finanças.

Pensando dessa forma, verificamos que, assim como as empresas e organizações, as pessoas também podem ser sustentáveis. Então, como o conceito de sustentabilidade se aplica às pessoas?

O conceito de sustentabilidade pode ser aplicado ao ser humano quando pensamos em sustentabilidade profissional, empregabilidade, coleta seletiva, resíduos tóxicos, reciclagem, recursos tangíveis etc. Vejamos.

Sustentabilidade profissional, empregabilidade

O mercado de trabalho e o empreendedorismo têm exigido que as pessoas sejam mais bem preparadas para garantir sua sustentabilidade profissional e a empregabilidade, as quais estão ligadas aos seguintes pontos:

- **Competência profissional:** uma só formação não tem sido suficiente para garantir a manutenção da pessoa no mercado de trabalho e até mesmo à frente de empreendimentos, para tanto faz-se necessário que a pessoa possua conhecimento de diversas áreas que, de alguma forma, se relacionem, ou não, inclusive de outros idiomas.

- **Idoneidade, ética e comprometimento:** cada vez mais, o mercado vem exigindo que as pessoas sejam responsáveis por seus atos, que façam a coisa certa, independentemente de estarem sendo observadas ou não. Tanto o mercado de trabalho quanto os consumidores estão exigindo que as pessoas adotem posturas corretas e se comprometam com os resultados a serem obtidos. Enganar o próximo já não é mais aceitável.

- **Flexibilidade e adequação profissional:** em tempos de grandes mudanças, com a tecnologia avançando em velocidade cada

vez mais rápida, exige-se que as pessoas sejam flexíveis e se adaptem na mesma velocidade.
- **Saúde física e mental:** o mercado busca pessoas que possuam equilíbrio emocional, que cuidem da saúde da mente e do corpo, pois isso se faz necessário para que essas pessoas tenham maior capacidade de enfrentar as exigências e pressões por resultados e metas cada vez mais ousadas.
- **Reserva financeira:** pessoas sem equilíbrio financeiro podem ser um problema para o mercado de trabalho, pois estão mais propensas a adoecerem física e/ou mentalmente, se comparadas às pessoas que possuem tal equilíbrio.
- **Relacionamento:** o relacionamento interpessoal tem sido considerado tão importante, que muitas empresas o colocam como ponto de avaliação para seus colaboradores e fornecedores. Portanto, esse é um ponto com o qual as pessoas devem se preocupar, inclusive para que se possa manter um ambiente de trabalho saudável.

Recursos tangíveis e talentos

O ser humano possui muitos recursos e talentos que podem ser potencializados por meio do autoconhecimento e desenvolvimento pessoal. Porém, cada pessoa possui as próprias potencialidades e deve procurar conhecê-las para poder se desenvolver e crescer, tanto pessoal quanto profissionalmente, visando garantir sua sustentabilidade.

Na sustentabilidade ambiental, trabalhamos com os conceitos de coleta seletiva, reciclagem, descarte de lixo tóxico etc.

Fazendo o paralelo com a sustentabilidade do ser humano, também podemos trabalhar esses conceitos.

Coleta seletiva e reciclagem

Na coleta seletiva, é importante que as pessoas observem o que é melhor para cada um, cercando-se de boas conversas, boas pessoas, bons livros.

Dessa forma, convém escolher com sabedoria o que vai alimentar sua mente. Recomenda-se que o ser humano utilize bom senso, discernimento e sensibilidade, absorvendo o que pode ser proveitoso e lhe proporcionar retorno

Em termos de reciclagem, podem ser utilizadas as seguintes ferramentas: leitura de livros que possam agregar bons conhecimentos, palestras, documentários, filmes, cursos de aperfeiçoamento, línguas estrangeiras, faculdade, pós-graduação etc.

Resíduos tóxicos

Assim como o meio ambiente, o ser humano muitas vezes pratica ou é alvo de atitudes que podem ser comparadas a resíduos tóxicos, as quais devem ser descartadas para que se possa garantir sua sustentabilidade.

As redes sociais, principalmente quando acionadas via aparelho celular, são uma das principais fontes de resíduos tóxicos para o ser humano.

Esses resíduos são a falta de ética, o desrespeito, a imprudência, as falhas de comunicação, a intolerância, as fofocas, as conversas paralelas, as mentiras (*fake news*) etc.; e todos devem ser eliminados sempre que percebemos que estão nos causando mal.

Perdão e gratidão

De acordo com Marques (2019), "ser livre é saber que o sofrimento é uma escolha, e você pode escolher não sofrer. Perdoar-se pode ser o caminho". Indo um pouco além, o perdão deve ser ampliado para outras pessoas e situações, porque, segundo o mesmo autor, "o perdão é o passaporte para o estado de graça, pois é, sobretudo, uma decisão interna de se desconectar do estado de sofrimento". Quando perdoamos ao outro e a nós mesmos, nos tornamos livres; do contrário, ficamos num constante estado de sofrimento a cada momento que nos lembramos de nossos erros ou de fatos/ações/palavras que nos causaram tamanho ressentimento ou mágoa.

Perdoar e ser grato são atos de amor tanto para o próximo quanto para nós mesmos. Segundo Damasceno (2018), é estar feliz com o que temos, sendo um sentimento saudável e positivo de apreciação pelas bênçãos que recebemos na vida. "Ser grato é aceitar a vida como sendo um presente. Algo bom que você recebeu e que merece apreciação".

Para a autora, há sete motivos para se praticar a gratidão, os quais contribuem, de fato, para a sustentabilidade do ser humano.

1. Contribui para uma vida mais feliz.
2. Mostra-nos o que temos de bom na vida.
3. Reduz o sentimento de insatisfação pelo que ainda não conseguimos alcançar.
4. Ajuda a percebermos o que existe de bom nas adversidades.
5. Gera energia positiva.
6. Combate sentimentos negativos.
7. Ajuda a ficarmos emocionalmente melhores.

Roda da vida – uma ferramenta importante

Como podemos mensurar o quão sustentável estamos sendo em nossas vidas?

A ferramenta roda da vida, muito utilizada em processos de *coaching*, pode nos ajudar a fazer essa mensuração, pois podemos verificar, numa escala de zero a dez, o quão bem ou não tão bem estamos em cada setor de nossas vidas.

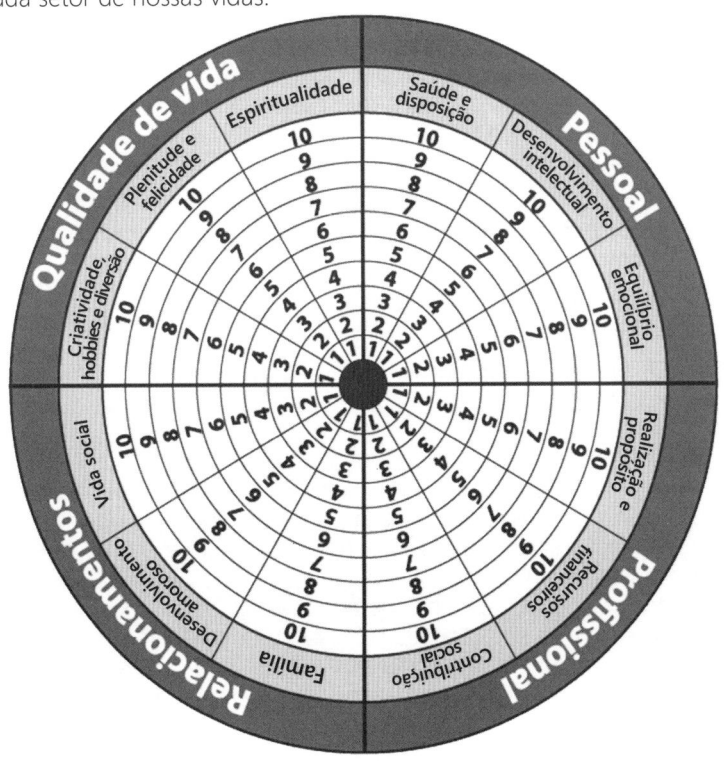

Roda da vida

Geralmente, a pessoa (*coachee*) é orientada a preencher os quadrantes no nível da nota atribuída a cada setor de sua vida, ficando bem claro, ao final, quais campos necessitam de maior atenção para que se possa encontrar o equilíbrio necessário para fazer a "roda girar", não necessariamente todos os campos devem estar no nível 10 (dez), porém o importante é que todos estejam no mesmo nível.

Segundo Marques (2016), a roda da vida é uma das mais importantes ferramentas do *coaching*.

> A roda da vida é a ferramenta que melhor expõe um conjunto de dados que contempla as diversas

áreas da vida de uma pessoa e permite mensurar os níveis de satisfação em cada um dos campos, tornando possível uma análise/autoanálise, abrindo, assim, as portas para o autoconhecimento.

A roda da vida é composta de 4 (quatro) setores subdivididos em 12 (doze) áreas, conforme detalhado abaixo. Há variações dessas áreas entre as diversas escolas, mas o que descrevemos abaixo é a divisão mais comum e utilizada pelos *coaches* do mundo inteiro.

- **Setor pessoal:** saúde e disposição, desenvolvimento intelectual e equilíbrio emocional;
- **Setor profissional:** realização e propósito, recursos financeiros e contribuição social;
- **Setor qualidade de vida:** criatividade, *hobbies* e diversão, plenitude, felicidade e espiritualidade;
- **Setor relacionamentos:** família, desenvolvimento amoroso e vida social.

Considerando que já há vasta literatura a respeito do uso dessa ferramenta, não vou detalhar aqui como deve ser feita sua aplicação, sendo importante saber que se trata de uma ferramenta prática para conferir e mensurar o quão sustentável está sendo a pessoa que está sendo analisada.

Finalizando este capítulo, quero deixar claro que o ser humano como pessoa deve se preocupar com o desenvolvimento sustentável, visando à sustentabilidade do planeta, mas de nada valerá um planeta sustentável sem seres humanos sustentáveis, capazes de serem pessoas melhores para si e para a humanidade a cada dia e no dia a dia.

Referências

DAMASCENO, L. *7 motivos para praticar a gratidão*. 2018. Disponível em: <https://marketingdegentileza.com.br/7-motivos-para-praticar-a-gratidao/>. Acesso em: 21 de mar. de 2020.

DRÉO, J. *Desenvolvimento sustentável*. 2009. Disponível em:<https://commons.wikimedia.org/w/index.php?curid=7652574>. Acesso em: 21 de mar. de 2020.

FRANÇA, A. *Roda da vida. O que é isso?* 2017. Disponível em:<http://silcoachingbrasil.blogspot.com/2017/04/roda-da-vida-o-que-e-isso-por-aline-de.html>. Acesso em: 21 de mar. de 2020.

MARQUES J.R. *O livro do perdão: aprenda a construir uma vida sem culpas*. São Paulo: Editora BÜZZ, 2019.

MARQUES, J.R. *Roda da vida: ferramenta de coaching*. Goiânia: Editora IBC, 2016.

Os poderes da mente

Capítulo 4

Razão ou emoção: qual escolher para alcançar os seus objetivos?

Você tem uma máquina potente à sua inteira disposição, pronta para receber os estímulos necessários e realizar tudo o que deseja. Uma das funções do cérebro é proporcionar satisfação. Por que não permitir que essa máquina poderosa realize os seus objetivos?

Débora Silva

Débora Silva

Head Trainer formada pelo Instituto de Formação de Treinadores – IFT. MBA em Gestão de Sustentabilidade pela Universidade Salvador – UNIFACS. Atuante na área de Desenvolvimento Humano há mais 15 anos, tendo, parte desse tempo, se dedicado à gestão de projetos sociais na Fundação Alphaville, em vários estados do país. Nos últimos anos, dedicou-se a especializações em áreas mais específicas comportamentais, as quais deram fonte de conhecimento para formatação de metodologias experienciais para vários públicos. *Practitioner* em Programação Neurolinguística, *Professional Coach*, Consteladora Sistêmica Familiar especializada em Pensamento Sistêmico, formação que contribuiu para sua atuação como Terapeuta Integrativa. Atualmente, segue como pós-graduanda em Neurociência e Comportamento pela Pontifícia Universidade Católica – PUC.

Contatos
deboraesilvassa@gmail.com
Instagram: @deborasilvadss
71 99223-7610

Se eu perguntasse qual o seu objetivo, você teria a resposta pronta? Se a resposta for direta e objetiva, a que distância está dele? Quais são os passos que pretende seguir para alcançá-lo? E a pergunta mais desafiadora de todas: você, de fato, irá alcançá-lo? Durante os meus quase 15 anos de atuação frequente, apaixonada e científica na área de desenvolvimento humano, fui pesquisando, testando e avaliando os vários caminhos que permitem aos indivíduos das mais diversas classes sociais, etnias e condições emocionais alcançarem sua satisfação pessoal e, consequentemente, o sentimento de sucesso profissional, familiar e financeiro. É quase que uma constante, em todos esses grupos, que a falta de objetivos claros fazia as pessoas se frustrarem tão profundamente na busca pela satisfação pessoal que, automaticamente, a descrença em suas capacidades possibilitadoras os impedia de continuar a concretização de qualquer objetivo. Daí vem o sentimento cíclico de ânimo – frustração – descrença.

- **Ânimo:** disposição para; crença para; acreditar ter os recursos necessários para o alcance de seus objetivos.

Durante o processo de execução das metas, algo não se cumpre, entra-se então no estágio da:

- **Frustração:** estado de impedimento por si mesmo ou por outra pessoa de atingir a satisfação na realização de algo proposto.

Neste, há uma queda considerável de energia realizadora, o que leva à fase seguinte:

- **Descrença:** estado de não crer em si, nem no processo estabelecido para o alcance dos objetivos.

Observando essa tríade, quando não se compreende a importância de atuar conscientemente, utilizando os recursos neurais, é comum e provável que você veja esse ciclo se repetindo sistematicamente em sua vida. Daí vem o meu interesse pela importância do objetivo bem definido.

Se você observar em sua programação diária e, por mais que não tenha uma, ainda assim, provavelmente, busca-se uma direção para o dia. Se analisar sua rotina, perceberá que ela segue na tentativa do alcance ou, ao menos, da manutenção de um objetivo: pagar as contas, manter-se vivo, cuidar da rotina de sua família ou executar as tarefas do trabalho, por exemplo. Fazendo uma análise rápida, perceberá que é guiado basicamente por objetivos, só que muitas vezes (para não dizer quase sempre) não os observa com direcionamento, prioridade e otimismo, daí corre o risco de cair no vale do desânimo e da descrença.

Estamos em um momento de buscas pessoais pelo propósito de vida, identificação da missão ou legado a deixar para as futuras gerações. Sejam quais forem as suas perguntas, em uma coisa temos que concordar: o que move suas realizações é a clareza de seus objetivos.

Costumo dizer que o objetivo funciona como farol que, quando definido, te direciona com mais segurança na trajetória de vida. Pode até parecer filosófico demais, porém este capítulo pretende desmistificar o olhar romantizado para o objetivo e apresentar ferramentas simples, que farão com que seu cérebro atue de maneira favorável para realização do mesmo.

A proposta deste capítulo é prática/reflexiva, indicando três passos simples que o auxiliarão na compreensão de seus objetivos, definição e organização cerebral com base no alinhamento das suas emoções. Sendo esse último o que mais irá nortear o nosso tema. Adiante, entenderá o porquê de o sistema emocional ser considerado por mim como a força motriz para manutenção produtiva dos seus objetivos.

Você tem um objetivo?

É comum as pessoas relacionarem objetivo com metas ou planos profissionais; sonho como algo mais inspirador, que as fazem suspirar, associado mais aos desejos pessoais. E se eu disser que o objetivo ideal é aquele que une a ação do objetivo com a inspiração do sonho?

Você poderia me perguntar por que penso assim. Responderei a partir de uma percepção físico-emocional. Quando você descreve o seu objetivo – e pode pensar agora em qualquer um que você tenha –, perceba como seu corpo reage: as pernas ficam levemente enrijecidas, ombros lançados para trás e cabeça direcionada na linha do horizonte. Nesse estado emocional de realização, seu olhar fica mais focado.

Quando peço que descreva seu sonho, perceba como seu corpo reage de maneira mais leve, a respiração fica mais fluida, o peito desinfla, ombros ficam levemente lançados para frente, a cabeça projetada acima da linha do horizonte e, se tiver com os olhos abertos, perceberá que se voltarão também para cima, buscando inspiração para descrever o que deseja.

O que essas percepções têm a ver com a relação objetivo e sonho? Já imaginou como seria pegar um sonho que você tem e acrescentar a força da ação nele? Em outras palavras, diria que objetivo e sonho, quando caminham juntos, têm maior capacidade de se tornarem reais e executáveis.

Vamos para o exercício 1

Agora pergunto: você tem um objetivo? Como primeiro exercício, vou pedir que reflita por alguns minutos sobre qual é o seu objetivo; pode ser de qualquer dimensão – material ou emocional. Depois de descrevê-lo, identifique qual é o sonho atrelado a ele. Pode parecer estranho, mas acredito – diante das minhas observações e estudos – que, por trás de todo objetivo, tem um sonho que o inspira, só que às vezes não nos damos conta dele. Darei um exemplo: tenho como objetivo para este ano a compra de outro imóvel. Se eu pensar apenas no objetivo, crio um direcionamento, mas o que me move profundamente e acelera a energia de inspiração e motivação para executá-lo é o sonho que o permeia: construir uma família.

Então, de forma simples, como primeiro exercício, você irá descrever o seu objetivo e identificar qual é o sonho que o inspira.

Entendendo o sistema emocional

Muito se ouve falar que 'pensamento tem forma' ou 'você é o que você pensa'. Em recente formação, na Cidade do Cérebro, sobre Emotologia (estudo que prevê a ampliação dos níveis de consciência a partir das emoções e do sistema cerebral), ficou claro que somos guiados pelas nossas emoções e, quando não a usamos de forma consciente, acabamos por dispersar energia em temas ou ações que não nos levam ao alcance do que queremos. Isso porque são pelos estímulos emocionais que o cérebro prioriza o que desejamos alcançar, centrando assim as energias e condições necessárias para torná-lo executável.

Para que fique mais produtivo o entendimento, aprofundarei mais sobre a funcionalidade do nosso sistema emocional. Apesar de ter uma relação apaixonada pela neuroanatomia, não cabe, neste capítulo, falar a respeito, mas abordarei alguns sistemas cerebrais que são ativados durante a realização dos exercícios aqui propostos.

Antes de falar sobre sistema emocional e uso consciente das emoções e sentimentos, é preciso diferenciar esses dois processos.

Emoção, em seu próprio conceito de ação, é o comportamento que a fisiologia tem a partir do estímulo que recebe do meio, ou seja, emoção nada mais é que a expressão comportamental que você tem a partir das informações externas que recebe. Já os sentimentos são as interpretações que você faz das emoções sentidas.

Há uma relação direta entre sistema emocional e nossos sentidos. Na hierarquia de processamento das informações, dentro do sistema nervoso central, quem primeiramente recebe os estímulos sensoriais é o sistema emocional. Para simplificar: imagine que seus sentidos são como cabos externos que captam as informações. Uma vez captada, a informação é levada para o hipocampo (espaço cerebral que fica no sistema emocional, sistema límbico, responsável por nossas memórias), que buscará referências no seu repertório de memórias para qualificar a emoção recebida. Ou seja, as imagens geram emoções e são elas que seu cérebro qualifica e guarda. Há dois tipos de memórias: a de curto prazo – são as informações retidas por um período temporário – e as de longo prazo – informações qualificadas como mais importantes e para estas se compõe um padrão emocional e comportamental. Um exemplo de memória de curto prazo é a tentativa de lembrar-se o que você almoçou na última terça-feira. Provavelmente não se lembre porque para essa atividade acionou poucos recursos emocionais. Já a memória de longo prazo seria se lembrar o que comeu no último jantar que teve com alguém que você ama. Fácil, né! Neste caso, você adicionou mais recursos emocionais sendo então priorizado e armazenado.

Sentimento e seu objetivo

Frequentemente costumo dizer, em palestras e nos atendimentos individuais, que mais importante que a velocidade é a clareza do caminho que estamos trilhando. Diante disso, podemos usar como metáfora o símbolo da lanterna, representando suas emoções, que iluminam o caminho trilhado na busca dos objetivos.

Quer comprovar? Pegue o objetivo que criou no exercício 1, veja que, ao atrelar seu objetivo a um sonho, você potencializa as respostas emocionais do seu corpo, dando mais motivação na execução das ações necessárias para alcançá-los. E não tem como falar em conquista de objetivos sem considerar as ações como parte construtiva do processo.

É importante lembrar que corpo e mente andam conectados. Por isso, pode se tornar mais desafiador realizar um plano de ação com metas se não colocar mentalmente (numa percepção neurofisiológica) os suportes emocionais necessários para dar movimento às vontades, impulsionando a disposição física para o alcance dos objetivos. Aqui iniciamos as respostas para evitar aquela tríade que citei no início: ânimo – frustração – descrença. Quanto mais recursos emocionais positivos você imprimir ao longo de suas ações, mais fácil se manterá ativo diante de possíveis adversidades.

Vamos para o exercício 2

Na atividade anterior, pedi que identificasse, em seu objetivo, qual é o sonho que o permeia e que o inspira. Agora, vou pedir que você pegue esse objetivo e materialize-o. Como fazer isso? Por meio de um desenho ou da composição de uma imagem com recortes de revista, colando-o numa folha de papel sulfite ou outro lugar. O mais importante é que consiga materializar, construir uma imagem que te reporte, literalmente, o mais próximo do real possível ao seu objetivo.

Use seu cérebro como realizador de seus objetivos

Como foi visto na explicação sobre a funcionalidade do sistema emocional, ao criar uma imagem visual do objetivo, você aciona seus sentidos, que comunicam ao seu sistema límbico que essa imagem é importante. Quanto mais ela for visualizada, mais prioritária se tornará, saindo assim da memória de curto prazo para a memória de longo prazo, criando um padrão comportamental favorável à sua realização.

Aproveitando essa máquina poderosa chamada cérebro, seguimos com o próximo exercício.

Vamos para o exercício 3

Esse é tão simples quanto o anterior, porém de fundamental importância para criação da memória de futuro. Você irá escolher um momento no seu dia para visualizar a imagem construída do seu objetivo, imprimindo criativamente o máximo de recursos sensoriais que conseguir – visão, olfato, tato, paladar ou audição. Inclusive, se for confortável para você, também pode acrescentar expressões corporais, já que a mente reage instantaneamente aos impulsos do corpo. Repita essa visualização por, no mínimo, 21 dias.

Como exemplo, continuarei com o meu objetivo da aquisição do imóvel. Todos os dias visualizo como quero esse imóvel e vou criando mentalmente, com base na imagem que já construí, a minha futura casa. Visualizo o máximo de detalhes que ela terá: os cheiros, acentuo cores, toques, sensações e sentimentos durante a experiência visual. Quanto mais recursos sensoriais crio, mais capacidade de realização coloco no meu objetivo.

Conclusão

Neste capítulo ficou claro que o sistema emocional tem a função de marcar eventos, criar tendências e reconhecer padrões, auxiliando na construção de memórias. Então, condicionar o nosso objetivo ao sistema emocional é potencializar a realização do mesmo.

Para garantir essa ajuda mais que extra da nossa mente, foram indicados três exercícios: 1. identificação do objetivo, que muitas vezes, por não ter clareza, não é priorizado. Em seguida, você foi convidado a perceber qual sonho seu objetivo carrega; 2. materialização desse objetivo com a construção visual de sua imagem; 3. a visualização diária, contribuindo para a qualificação emocional desse objetivo como uma prioridade, tornando-o uma memória presente e existente. Logo, realizá-lo é só uma questão de tempo.

Ao final, compreende-se que a razão caminha "ombro a ombro" com a emoção e não há motivos para conflitá-los, pelo contrário, ambos são responsáveis pela qualificação, priorização e realização de qualquer objetivo.

Os poderes da mente

Capítulo 5

Sob a lente da influência

O objetivo deste trabalho é levar o leitor a refletir sobre o que são as influências no ser humano, em especial as do ambiente, e se isso traz alterações neurofisiológicas e a que nível isso altera a tomada de decisão do ser humano. Desde o início dos estudos em Sociologia, fala-se nesse nível de possíveis alterações em que o homem vive com o seu ambiente. É isso que vamos avaliar juntos.

Edyclaudia Gomes de Sousa

Os poderes da mente

Edyclaudia Gomes de Sousa

Bacharelado em Psicologia pela Universidade Estácio de Sá/RJ. Especialização em Neuropsicologia Clínica pela Universidade Veiga de Almeida/RJ. Especialização em Saúde Mental e Atenção Psicossocial pela Universidade Estácio de Sá/RJ. Mestranda em Psicologia Criminal pela FUNIBER – Fundación Universitaria Iberoamericana (Universidad Europea del Atlántico – UNEATLANTICO).

Contatos
edyclaudiapsicologa.com.br
edyclaudia.psicologa@gmail.com
Instagram: @edyclaudiapsi
21 98200-8545

Certa vez escutei: "somos influenciáveis. Fazemos o que o outro quer". Imaginei como seria isso no conjunto de estruturas cerebrais, que se comunicam dia e noite.

O nosso cérebro é dividido em partes que se correspondem para emitir uma ação ou várias ações num dado momento. Funcionamos com sequência de liberações hormonais desencadeantes pelos estímulos externos e sensações internas, mas o corpo e a mente não, necessariamente, necessitam dessas estimulações para o seu devido funcionamento ou suas reações.

As emoções humanas não se limitam a medos e prazeres desenvolvidos e incorporados por meio das experiências de cada pessoa ao longo dos anos. Negativas ou positivas, repetidas ou não, essas emoções podem ser motivadas pelo ambiente no qual as pessoas estão inseridas. Até que ponto essas sensações e emoções são entendidas como parte da sobrevivência da espécie? Em que momento são vividas como algo que venha a ser controlado ou mesmo raciocinado para a sua limitação, a fim de ser impedido ao exagero? Sabemos que o corpo reage, em uma situação de emergência, de forma rápida, como resposta a uma reação neurológica sentida por seus estímulos sensitivos, assim como um animal em defesa da sua vida, entrando em ação comportamentos defensivos frente a uma ameaça.

Até o século passado, acreditava-se que a adaptação neurológica, assim como novos aprendizados, parava na idade adulta, como se deixássemos de mudar com o tempo, que tornasse aquele ditado "pau que nasce torto, morre torto" a verdade em questão. O pesquisador Alexander R. Luria, ganhador do prêmio Nobel, trouxe, com a sua teoria da neuroplasticidade, uma era de novas possibilidades: "o cérebro é modificável até a sua morte".

Vejo a necessidade de falar pelo olhar da Neurociência, para podermos entender melhor os comportamentos humanos que muito se atribuem a um conjunto de conceitos guardados do indivíduo, além das estruturas neurofisiológicas.

Imaginemos uma cena: uma pessoa que, por escolha própria, more sozinha sem família, amigos, vizinhos; alimentando-se do que planta, sem necessidade de auxílio financeiro, pois produz a própria energia, vinda das águas de uma correnteza próxima; tendo como companhia apenas os sons da natureza, sem outro ser humano. Seria essa a vida realizável e feliz?

Os poderes da mente

Segundo o sociólogo Emile Durkheim, em seu livro *A Divisão do trabalho social* (1917), buscamos na amizade o complemento do que nos falta, somos dependentes um do outro por sermos incompletos.

Observo, no consultório, o número crescente de pessoas com conflitos internos que atingem não só o seu estado emocional, mas mudanças em sua saúde mental. O que dizer de pessoas que se sentem solitárias? Muitas perguntas com muitas respostas envolvidas em variedades de ideias e experiências.

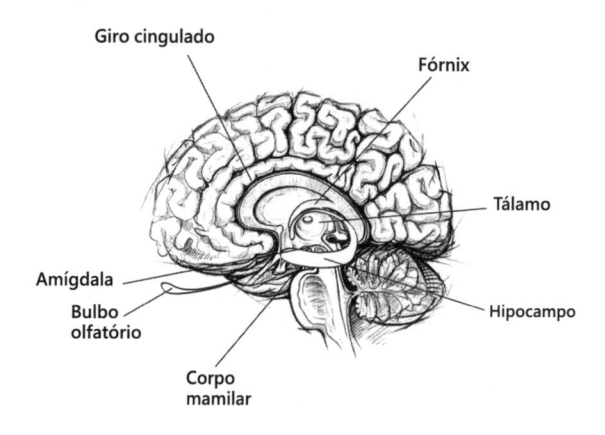

Fonte: Leo Dessandes

Temos estruturas essenciais no desenrolar das sensações e emoções, não apenas uma parte, mas várias áreas são envolvidas. Uma das áreas mais importantes é o hipotálamo que, junto ao sistema límbico, exerce funções essenciais nessas ações corporais que falarei em seguida. E, não menos importante, é a região frontal, uma das partes responsáveis pela regulação das emoções e tomada de decisões.

Por meio do hipotálamo, que comanda sede, fome, prazer corporal, comportamentos motivados e memória junto ao sistema límbico, com a recepção dos estímulos externos e internos, são provocados o prazer e as emoções. Essas informações são transmitidas ao hipotálamo e repassadas aos hormônios específicos que estão relacionados à satisfação do prazer, como comer, beber, fazer sexo, entre outros; e com as repetições de comportamentos causados pelos estimuladores positivos se obtêm mais prazer. Não só o hipotálamo e o sistema límbico são responsáveis pela liberação de hormônios, outras áreas se comunicam nesse processo para o resultado esperado.

A área frontal é responsável pelo julgamento e pela razão. Quando alguém o acusa de algo que não fez, rapidamente entra em ação não só a área frontal, mas diversas áreas, com uma rapidez incrível até a sua interpretação e verbalização para chegar à ação. Você ouve, daí vai o passeio por dentro da sua caixa craniana.

O que dizer da emoção e da razão? Elas funcionam separadas ou não?

As emoções negativas, como medo e estresse, tendem a ser vistas como forma de desprazer; já a raiva produz a agressão, podendo ser vista como forma de sobrevivência, causando mais manifestações fisiológicas do que as emoções positivas.

Possuímos dois níveis de sensações. As primárias, que são inatas: alegria, tristeza, nojo, medo, raiva, surpresa; as secundárias, influenciadas pelo contexto social e cultural: culpa, vergonha, orgulho. Conforme definição do neurologista Antônio Damásio, há as emoções de fundo, que se referem ao estado de bem-estar ou mal-estar e interferem nas outras emoções.

Essas emoções não existem de modo independente. Se há mudança interna nesse indivíduo ou no conjunto de pessoas, dentro da ideia da neuroplasticidade, em que aprendemos novas formas com o que vivemos, essas ideias podem ser modificadas? Sim, podem. Com as estimulações, podem ficar mais intensas internamente e modificar as sensações do que está vivendo.

Podemos enganar os nossos desejos, sem intenção, mas influenciados pelo ambiente. Vou citar um modelo que testei em adolescentes.

Um dos refrigerantes mais consumidos pelo mundo é a Coca-Cola. Fiz uma pequena experiência com um pequeno número de adolescentes que dão preferência a ela e fazem o consumo por pelo menos uma vez na semana com os seus familiares. Comprei e ofereci para cada um, separadamente, um copo de 300 ml cheio, informando que se chamava It Cola. No início, ficaram em dúvida se aceitariam, mas de tanto explicar que não era muito diferente da Coca-Cola e que, provavelmente, iriam conseguir beber, que precisavam experimentar algo novo, se renderam. Após experimentarem, falaram, para minha surpresa, que era agradável de beber, não era ruim. Em seguida, revelei que beberam Coca-Cola.

É evidente que não funcionaria com todos, devido ao grau de confiança que inicialmente precisaria ser trabalhado, além de outras variantes, mas avaliando as situações, há um conjunto de questões a ser preparado para o sucesso do que se espera.

A nossa mente responde pelas experiências registradas em nossas memórias. Essas memórias são acessadas por meio dos sentidos, quando sentimos gostos, texturas e outros, tornando uma preparação do momento mais assertiva. Tudo dependerá desses registros de armazenamento de cada pessoa. Quando estamos vendados, outros sentidos precisam ficar mais ativos para corresponder ao que está sendo exigido pelo ambiente. Imagine tocar em uma textura lisa, gelada e

Os poderes da mente

úmida. Nesse momento imaginou várias coisas que trazem a comparação do que leu, e isso acontece com tudo que presenciamos.

E o que dizer das memórias traumáticas, aquelas que formam "cicatrizes neurais".

Vou citar outro exemplo simples. Um menino de 12 anos que passou por um assalto quando ia para casa. No dia seguinte, ele falou do evento e das possibilidades o tempo todo. Após uma semana, quando tudo parecia estar tranquilo, até ele mesmo, aconteceu outro assalto, só que com o colega ao seu lado, que estava aguardando a chegada dos pais no lado de fora do portão da escola.

Experiências como essas podem gerar nova mudança no sistema de alerta cerebral, gerando novo comportamento na pessoa que viveu essa situação. A partir desse momento, essa criança passa a ficar mais alerta a cada situação suspeita, podendo trazer à tona toda a lembrança vivida, causando desconforto e medo, podendo desencadear adoecimentos psicológicos.

Estratégias e métodos novos são criados para ajudar ou iludir pessoas. Essas estratégias também são usadas no *marketing* para venda de produtos. Como ofertas que escondem o real sentido. Quando se recebe um e-mail com uma mensagem tentadora: "Todo o site com 50% de desconto" ou "compre 01 e leve 02", é despertada, automaticamente, a ideia de que é preciso comprar, se não ficará sem. Aí entra a pergunta que fiz anteriormente onde estão a emoção e a razão? Estão juntas nessa decisão?

Tratando-se desses movimentos rápidos, podemos avaliar que sim e não, pois a nossa mente nos passa a mensagem de que aquilo é valioso e necessário. Essa não seria a razão se expressando? Mas a emoção também está nisso, nos impulsionando a comprar. A diferença acontece quando paramos por alguns minutos para pensar na oferta oferecida, refletindo sobre essa suposta necessidade. Temos que dar tempo para todos os circuitos neurais emitirem a verdadeira decisão a ser tomada. A questão está em não perder, não desistir, isso gera a sensação de fracasso, mesmo que seja no caso de uma simples oferta.

Segundo a pesquisadora Keith Alfred, ex-membro da Faculdade Kennedy de Administração Pública de Harvard, alguns acreditam que há vantagens na forma de negociação usando a irritação para aumentar a produção de serviços. Atitudes assim reduzem ganhos e diminuem a colaboração, pois há a sensação de estarem se preparando para a guerra.

Estabelecer a empatia auxilia a compreensão da outra parte, aumentando o poder de influenciar o outro de forma positiva. É uma forma de não retroceder ao que foi conquistado.

Em uma negociação vale mais perguntar, ouvir e propor soluções do que agir com irritação e de forma rápida. Fazendo com tempo e calma, as chances de criarem novas alternativas e obterem melhores resultados são maiores. Não dando espaços para dúvidas, pois foram feitas em um tempo hábil do surgimento e respostas delas. Assim é também na vida.

Imaginemos em situações de convencimentos para participarem de novos grupos. Primeiro, vem a fase da empatia, como maneira para mostrar que as suas necessidades são compatíveis com as necessidades alheias.

Os sentimentos podem ser usados a favor na hora de uma negociação. É necessário um estudo prévio das condições do interlocutor e de si próprio. A geração da raiva pode limitar o outro e ter um resultado não esperado. Segundo Emile Durkheim:

> Toda maneira de agir fixa ou não, suscetível de exercer sobre o indivíduo uma coerção exterior; ou, ainda, que é geral na extensão de uma sociedade dada, apresentando uma existência própria, independente das manifestações individuais que possa ter.

Os fatos sociais moldam as pessoas. Esses fatos são as ações que as pessoas têm pelos hábitos que elas mesmas expõem numa coletividade, que podem ser o movimento em uma sociedade e até mesmo na ciência política, dependerá desse grupo em que se encontra o indivíduo.

Se pensarmos de forma mais ampla, nas revoltas sociais contra um determinado poder, nos grupos religiosos que têm por objetivo uma finalidade de fim trágico e radical para todos os membros ou até mesmo em grupos organizados dentro de um encarceramento, todo esse conjunto de pessoas está funcionando com objetivos que, possivelmente, sozinhas, não conseguiriam atingir os ideais e experiências de cada vida se tornam mais compatíveis com aquele determinado grupo em que há afinidade, e isso pode transformar o que já existia em cada pessoa, mudando, por exemplo, formas de pensar, pois estarão expostas a novas ideias e possibilidades que partiram de outras pessoas daquele grupo.

Até o século passado, acreditava-se que usávamos apenas 10% do cérebro. Revisando a literatura, qualquer pessoa descobrirá que os pesquisadores, quando descobriam uma área cerebral que era ativada com mais intensidade no som, por exemplo, nomeavam essa área com o nome de seu descobridor e isso tornava-se a descoberta da época, fazendo com que todos achassem que só aquela área era necessária para saída do som. Porém, para identificarmos o significado de um som, é necessária uma série de eventos até que as vibrações cheguem ao córtex cerebral, onde é possível identificar que som foi sentido.

Sabemos que levamos muito tempo para chegarmos onde estamos, seres únicos e influenciáveis. Influenciáveis até por nós mesmos, mais ainda pelo ambiente em que vivemos, pela família, pela cultura, pelos conhecimentos e até pelos nossos desejos.

Depois de nossa leitura, há muito em que se pensar. Vou deixá-lo com seus pensamentos e suas experiências.

Referências
DURKHEIM, E. *As regras do método sociológico*. São Paulo: EDIPRO, 2012.
LENT, R. *Cem bilhões de neurônios? conceitos fundamentais de neurociência*. 2 ed. Rio de Janeiro: Atheneu, 2001.
SERRETTI, André Pedrolli; SERRETTI, Maria Angélica Tomás. *Conceito de Fato Social na obra de Émile Durkeim e suas implicações nas teorias sociológicas contemporâneas*. Disponível em: <https://ambitojuridico.com.br/edicoes/revista-90/conceito-de-fato-social-na-obra-de-emile-durkheim-e-suas-implicacoes-nas-teorias-sociologicas-contemporaneas/>. Acesso em: 31 de mar. de 2020.

Os poderes da mente

CAPÍTULO 6

Uma breve história sobre a influência da mente do fundador nos resultados dos negócios

Por que algumas empresas têm sucesso e outras não? Não faltam livros tratando das características dos empresários de sucesso. Ainda assim, cerca de duas mil empresas fecham por dia no Brasil. As três principais causas para isso são: falta de planejamento, falta de gestão e falta de comportamento empreendedor. Mas nem só de técnica se faz um negócio de sucesso. A mente do fundador é fator decisivo nos resultados de qualquer negócio.

Elaine Serra

Os poderes da mente

Elaine Serra

Empreendeu aos 23 anos. Além da formação em Administração e Ciências Contábeis pela FECAP-SP, fez MBA em Gestão de Negócios pela FGV do Rio de Janeiro. Toda essa preparação não a impediu de entrar para a estatística das cerca de 2.000 empresas que fecham, no Brasil, por dia. Quebrou a empresa. Depois de muito tempo, conseguiu recuperar o negócio e iniciou uma jornada em busca de respostas sobre os motivos que a levaram à falência. Participou do Seminário Empretec – Metodologia da ONU, aplicada pelo SEBRAE; do Programa 10.000 Mulheres, promovido pela FGV em parceria com o banco Goldman Sachs, para capacitação de mulheres empreendedoras ao redor do mundo; e do Programa de Capacitação para Desenvolvimento de Negócios Liderados por Mulheres, da Procter & Gamble em parceria a Weconnect International. Tem formação em *Professional & Self Coaching*. Atua como CEO da Consulte e Contabilidade, empresa da qual é fundadora, e também como consultora e mentora de pequenas empresas. É apaixonada por negócios e contabilidade.

Contatos
elaineserra@consultee.com.br
11 98121-3139

Dois mil e dezoito foi um ano marcante para mim. Por isso, decidi compartilhar a minha história neste livro. Eu poderia ter escolhido alguma entre tantas outras que conheço de clientes que já atendi no meu trabalho de consultoria. Elas são mais comuns do que se imagina.

Em meados de agosto, tomei a decisão de encerrar mais uma tentativa de sociedade na minha jornada empreendedora. Era a oitava em vinte anos de existência da minha empresa.

A decisão de admitir um novo sócio no meu negócio foi totalmente emocional, baseada numa história triste como tantas outras que ouvi ao longo dessa jornada e que me fez errar tantas vezes como empresária.

Os sócios anteriores, assim como o último, me convenciam – hoje eu sei que não eram eles, era eu mesma que me convencia – de que eles tinham as habilidades que eu não tinha, relacionadas a vendas e *marketing*. Repetia para mim e para quem quisesse ouvir que não levava jeito para vendas e que não gostava de vender. Eu acreditava que esse era o único problema que impedia minha empresa de crescer.

A incorporação da empresa desse sócio aconteceu 18 meses antes, em fevereiro de 2017. Apesar de representar um aumento de 30% do faturamento, a operação da empresa dele dava prejuízo, que obviamente seria absorvido pela minha empresa. Mas com a promessa de ter um sócio exclusivamente dedicado ao aumento das vendas, logo estaríamos novamente no ponto de equilíbrio e depois lucro, pensei.

Nessa ocasião, contávamos com o apoio de uma consultoria especializada em gestão de pessoas, que sugeriu um processo de *coaching* em resiliência para o alinhamento dos objetivos entre os sócios. Além disso, diversas ações foram implementadas para alinhar e engajar a equipe.

Por serem empresas do mesmo segmento, acreditei que seria fácil incorporar um novo líder, clientes e funcionários e adaptá-los à cultura da minha empresa que já tinha 20 anos e era a incorporadora. O resultado foi catastrófico. Passava grande parte do meu tempo administrando conflitos entre a equipe, os novos clientes e, também, com o novo sócio.

A contrapartida do novo sócio para o negócio era o aumento das receitas, implementando ações de *marketing* e vendas que, segundo ele, eram sua especialidade.

Ao contrário do que fora acordado, no início de 2018, o resultado foi uma queda na receita na ordem de 10%. A empresa, inchada,

Os poderes da mente

consumia todo o faturamento e gerava mais prejuízo ao negócio, que deixou de me distribuir lucros. Essa mudança representou uma redução de 50% no rendimento pessoal. A situação financeira complicou tanto na empresa quanto na minha pessoa física. As cobranças pelos resultados prometidos agravaram os conflitos e o fim da sociedade pareceu ser o melhor caminho a seguir.

Mais uma vez experimentava o sentimento de fracasso, de frustração e a sensação de repetir a mesma história. Por mais que tivesse tentado fazer diferente, ali estava eu novamente no mesmo lugar, caindo na mesma armadilha criada por mim. Naquele momento estava claro o quanto saía caro – literalmente – essa busca por um sócio, como se isso fosse um requisito fundamental para assegurar o crescimento do meu negócio.

Eu abri minha empresa no final de 1998, com um sócio que, na ocasião, era meu chefe na indústria em que trabalhávamos. Era um projeto paralelo, mas desde o início havia a certeza de que se tornaria o principal. Eu sempre fiz planos de crescimento para o negócio, que começou com um computador alugado na edícula no fundo da casa dos meus pais.

Menos de um ano depois, já tínhamos um escritório alugado, computador próprio e o primeiro estagiário. Eu mantive a jornada dupla, no emprego durante o dia e empreendendo à noite e aos finais de semana, por aproximadamente três anos, até que decidi pedir demissão para me dedicar integralmente ao meu negócio.

Tudo ia muito bem. No final do quinto ano, o faturamento da empresa havia crescido quase 2000%. Naquela época, não se falava em *marketing* digital e indicação era a minha principal fonte de aquisição de novos clientes. Exatamente nesse momento, percebi que precisaria multiplicar minha força de trabalho para continuar crescendo. Apesar ter funcionários, era uma equipe muito inexperiente e já me faltava tempo para acompanhar o trabalho deles de perto e ainda gerir as demais áreas do negócio.

O medo de não dar conta de tudo me dominou. Recorri ao meu sócio, que ainda era empregado na indústria em que trabalhávamos. Compartilhei minha angústia e sugeri que ele viesse se dedicar totalmente ao negócio também. A resposta foi que, diferente de mim, não poderia trocar o certo pelo duvidoso por conta dos filhos pequenos. Hoje é claro que ele não acreditava na empresa da mesma forma que eu, mas na ocasião nem consegui pensar a respeito.

Em contrapartida, sugeriu que admitíssemos um novo sócio que pudesse supervisionar a operação e aumentar as vendas. Nada disso aconteceu e, um ano depois, eu estava sem sócio e quebrada financeiramente. Mas os detalhes dessa parte da história conto em outra oportunidade.

Voltando para 2018, apesar do fim da sociedade, não estava quebrada, e claro que esse fato já significava um avanço. Mas a reflexão era inevitável. O que eu precisava aprender? Por que estava novamente naquela situação? Por que vinculava o processo de crescimento do meu negócio à entrada de outra pessoa? Eu convivia com essas questões todos os dias e esse incômodo era grande.

Apesar de não ter quebrado, o prejuízo continuava por ali. Uma das formas de resolver esse problema era aumentando as vendas. E foi isso que decidi fazer, mas para isso precisava enfrentar meu desafio pessoal. Afinal, esse era meu ponto fraco, achava.

No segundo semestre, concluí três cursos diferentes sobre a temática de *marketing* e vendas. Todo esse conhecimento, somado ao que já tinha acumulado sobre gestão de negócios, teoricamente, era só o que faltava para fazer meu negócio decolar. Mas isso não aconteceu.

Depois da queda em 2005, passei quase dez anos tentando recuperar o negócio. Fui em busca de entender tecnicamente o porquê de ter falhado apesar de tanta teoria acumulada. Foram duas faculdades e um MBA em Gestão de Negócios e isso não me poupou do fracasso.

Numa pesquisa chamada *Causa Mortis: o sucesso e o fracasso das empresas nos primeiros cinco anos de vida*, o Sebrae apontou as três principais causas do fechamento de empresas no Brasil:

1. falta de planejamento;

2. falta de gestão;

3. falta de comportamento empreendedor.

Tudo o que havia aprendido me vacinava contra os dois primeiros motivos, mas o terceiro era, de fato, o meu calcanhar de Aquiles. Fica claro aqui que a falta de comportamento empreendedor vai além de técnicas; diz respeito às nossas crenças, ao que sabemos sobre nós, de onde viemos, onde estamos e para onde vamos.

Comecei a me questionar o porquê de repetir padrões, atrair pessoas tão semelhantes e viver uma história de *looping* no meu negócio, com altos e baixos. Naquele momento, compreendi que o resultado do meu negócio estava diretamente relacionado às minhas crenças e atitudes incentivadas pela minha mente. Parti em busca de respostas.

Participei de um grupo de estudos de introdução à expansão da consciência. Aprendi fundamentos da física quântica, sobre a nossa responsabilidade na criação da realidade em que vivemos e sobre a abundância do universo, onde não há escassez. Ainda em 2018, participei de uma imersão que trabalhava os aspectos emocionais dos participantes.

Os poderes da mente

Foi então que tive contato profundo com meus medos, inseguranças e também pude entender a origem deles.

Foi um final de semana transformador. Na segunda-feira, a sensação era de que eu havia acordado de um sono profundo. Mas aquela era somente a ponta de um novelo que precisaria ser desenrolado. Eu só tinha uma certeza: era um caminho sem volta.

Comecei a fazer terapia. Na verdade, recomecei. Eu já havia iniciado o processo outras duas vezes, em períodos de crise. Mas, dessa vez, foi muito diferente. Pensei em desistir algumas vezes. Era uma relação de amor e ódio. Ao mesmo tempo em que me sentia acolhida, outras vezes me sentia desafiada e contrariada. Eu, literalmente, estava pagando uma profissional para me dizer coisas que não queria ouvir. Mas era exatamente o que me faltava: conseguir enxergar o que estava no meu ponto cego, como minha terapeuta gostava de dizer.

Mais algumas vivências e tantas outras descobertas. Passei a olhar para meu negócio como nunca havia feito antes. Depois de muito relutar, reconheci que a equipe que me acompanhava há anos não me ajudaria a chegar aonde eu queria. Na verdade, eles haviam criado outra empresa dentro da minha empresa. Outra cultura, com objetivos completamente diferentes dos que me fizeram abrir a minha empresa 20 anos antes. Eu permiti tudo isso, inconscientemente.

Reconheci também que, enquanto eu corria atrás de novos clientes e novas vendas, deixava de acompanhar a equipe que, por mau atendimento, fazia os clientes irem embora. Parei de perseguir o aumento de faturamento e foquei em atender melhor os clientes que já compravam de mim. Passei a acompanhar de perto a operação e reestruturar os processos para que as entregas saíssem de acordo com o que os clientes compravam da minha empresa.

Descobri que minha empresa estava inchada e pouco produtiva. Em um ano, demiti 70% da minha equipe. Eu sempre enxerguei o papel social da empresa ao gerar empregos, distribuir renda e promover o desenvolvimento de pessoas. Mas, no meu caso, os papéis haviam se invertido. Os colaboradores haviam se tornado verdadeiras âncoras, impedindo o crescimento do meu negócio.

Por falar em crescimento, meu planejamento estratégico para o ano 2020 não previa esforço para esse objetivo. O foco total era na reestruturação. Parece tudo muito simples, com poucas mudanças, mas foi um processo muito doloroso. Experimentei o caos no meu negócio.

Eu já havia vivido uma situação semelhante no passado, quando quebrei. Mas dessa vez foi muito diferente. Apesar do pouco aumento no faturamento, a empresa voltou a ter lucro. A minha vida financeira também se reorganizou; depois de anos, consegui recompor uma reserva. Em plena crise provocada pela pandemia do coronavírus, enquanto tantas pessoas ficaram sem renda, impedidas de abrir suas empresas ou por terem perdido seus empregos, meu negócio continuou faturando e não teve aumento na inadimplência. Eu e minha equipe tivemos a oportunidade de trabalhar em *home office* e continuar ajudando os clientes num momento tão delicado.

Meu negócio chegou a um estágio muito diferente, porque também cheguei em um estágio diferente. A minha visão de mundo mudou completamente e passei a ficar sempre atenta a todas as possibilidades e oportunidades que se apresentam todos os dias e sobre as quais tenho que tomar decisões.

Eu testo minha fé e minhas crenças diariamente e é por isso que não tenho medo de fazer o que é preciso. Acredito que mereço o melhor. Por mais que isso possa parecer clichê, tive muita coragem de abandonar a zona de conforto e me arriscar a fazer diferente para ter resultados diferentes. A dificuldade não está em sabermos o que devemos fazer, mas sim na execução. Eu não aprendi mais do que já sabia sobre gestão de negócios. Mas precisei mudar minha mente para conseguir colocar todos os conhecimentos em prática e parar de sabotar o crescimento da minha empresa.

Sei que ainda estou no início do processo de reestruturação do meu negócio e também do meu processo de autoconhecimento e evolução pessoal, mas todas as mudanças que já ocorreram na minha vida foram suficientes para me incentivarem ao compartilhamento dessa parte da minha história.

Assim como eu, milhares de pessoas realizam o sonho de abrir um negócio com intenção de progresso pessoal e contribuição para o progresso da sociedade em que vivemos. Mas o fato é que grande parcela acaba vivendo um verdadeiro pesadelo e muitas desistem pelo meio do caminho. É fato também que muitas pessoas não têm conhecimento sobre planejamento e gestão. Mas essas tarefas podem ser aprendidas e ou delegadas.

O grande problema está relacionado à essência do negócio que está diretamente ligada ao seu fundador e ao que ele pensa e acredita. Estado de sofrimento é, para muitas pessoas, a única alternativa de realidade. Desde o nascimento, pensamentos incutidos a partir da nossa cultura familiar e o medo do desconhecido nos fazem aceitar e perpetuar as ideias de nossos ancestrais de forma automática. Além disso, a sociedade promove a manutenção dos sentimentos de medo e escassez, reforçando a ideia de que não existe saída.

A verdade é que nós somos totalmente responsáveis pela realidade que vivemos. Para sermos eficientes nessa tarefa, precisamos nos autoconhecer e nos permitir mudar nossas atitudes e, principalmente, nossa mente.

Os poderes da mente

CAPÍTULO 7

Mude sua mente, transforme sua vida

Há quem diga que não existem poderes na mente; outros afirmam existir nela, em grande parte, poderes desconhecidos. E você, querido leitor, o que acha? Se deseja entender um pouco mais sobre o assunto, embarque comigo nesta viagem e descubra os poderes da mente. Vamos lá?

Erivelton Cândido

Erivelton Cândido

Pastor pela Assembleia de Deus. *Master Coach* em Gestão de Tempo e Alta Produtividade (*Line Coaching*), instituto reconhecido pela International Alliance – Coaching & Training (2018). Analista Comportamental pela Coaching Assessment. *Professional & Life Coach* e Palestrante (*Line Coaching*), instituto reconhecido pela International Alliance – Coaching & Training (2018). Palestrante nas áreas de Liderança, Motivação, Inteligência Emocional e Empreendedorismo. Coautor do Livro *Ser Extraordinário é uma questão de Escolha*, pela Literare Books International. Filiado à Convenção de Palestrantes do Brasil. Sua missão é transformar vidas por meio de uma nova metodologia, auxiliando pessoas e organizações a alcançarem todo o seu potencial.

Contatos
https://eriveltoncandido.com/
erivelton@eriveltoncandido.com
Facebook: Coach Erivelton Candido
Instagram: @coacheriveltoncandido

O ativo mais poderoso que temos é a mente

Neste capítulo, vamos entender um pouco mais sobre os poderes da mente, algo que para muitas pessoas é inconcebível, pois acham que, se realmente a mente fosse tão poderosa quanto pensamos, poderíamos materializar qualquer coisa em um simples estalar dos dedos ou, como no caso do gênio da lâmpada de Aladdin, ao esfregar a lâmpada, o gênio apareceria e realizaria nossos desejos e, automaticamente, isso aconteceria.

Não funciona dessa forma, mas podemos realizar muitas coisas pela nossa mente. Para isso, precisamos mudar a nossa forma de pensar ou reprogramarmos o nosso *mindset*, algo que é muito estudado pela Neurociência.

Minha missão neste livro é auxiliar você a entender que o ativo mais poderoso que temos é a nossa mente.

Vem comigo?

Entendendo a nossa mente

Tudo começa na mente. Certo homem revolucionário, uma pessoa que mudou o mundo em sua época, afirmou algo profundo e revelador, e o fez com grande propriedade e conhecimento de causa, ao dizer a seguinte frase: "se você acredita que **pode** ou acredita que não **pode**, de qualquer forma você está certo".

Tratava-se de Henry Ford, fundador da Ford Motor Company, o primeiro empresário a aplicar a montagem em série, produzindo automóveis em massa em menos tempo. Também dele é a frase: "pensar é o trabalho mais difícil que existe. Talvez por isso, tão poucos se dediquem a ele."

As frases citadas podem nos fazer entender que realmente existe uma força muito poderosa na nossa mente, a força dos pensamentos. Mas não adianta apenas pensar, é preciso colocar em prática os pensamentos que permeiam a nossa mente. Ação é o que realmente nos fará chegar ao que idealizamos.

Vamos entender um pouco como funciona a nossa mente:

1. **mente consciente:** é a parte que tem o conhecimento da própria existência e possui a capacidade de perceber, comparar, avaliar, analisar, refletir, raciocinar etc.

Os poderes da mente

2. mente subconsciente: é a parte que funciona abaixo do limite inferior da mente consciente e capta tudo pelos sentidos comuns, inclusive a percepção, e trabalha dentro de uma das estruturas mais básicas e primitivas do nosso cérebro, o reptiliano.

Quando passamos a entender melhor a mente, temos o poder de transformar a realidade em que estamos vivendo, mudando e remodelando velhos hábitos que nos trouxeram até o presente momento de nossas vidas. Pare um pouco para refletir e responda: como está sua vida hoje? Você alcançou tudo o que sempre sonhou? Encontra-se no patamar que gostaria de estar?

Tudo o que está vivendo no presente momento é fruto de hábitos desenvolvidos ao longo de sua vida, e os hábitos nada mais são do que ações repetidas com frequência e regularidade. Albert Einstein, físico alemão que desenvolveu a Teoria da Relatividade, dizia: "a definição de insanidade é fazer a mesma coisa repetidamente e esperar resultados diferentes". Ele ainda dizia que a imaginação é mais importante que o conhecimento, pois a imaginação é a prévia das atrações futuras, ou seja, aquilo que você imagina na sua mente e coloca como objetivo, não fica apenas na imaginação, mas torna-se real a partir do momento que se traça um plano de ação para concretizar o que foi projetado. Sua mente subconsciente trabalhará para que alcance o que você projetou em sua imaginação. Chamamos isso de desenvolvimento da inteligência emocional, algo que também é alvo de estudos científicos.

Vejamos como funciona: se você tem uma mentalidade negativa, pessimista e duvidosa, provavelmente atrairá coisas negativas e pessimistas para sua vida. Se seus pensamentos são positivos em relação à vida que você leva e aos objetivos que pretende alcançar, então a sua mente estará sendo programada para o sucesso e coisas extraordinárias acontecerão. Isso acontece porque, quando desejamos algo e ansiamos muito por esse algo, programamos uma parte do nosso cérebro denominado de SARA (Sistema Ativador Reticular Ascendente). Não se trata apenas de pensamentos positivos ou de autoajuda, mas sim de fatos comprovados pela Neurociência.

Veja o artigo retirado de uma pesquisa feita por estudantes de Psicologia:

> O ano de 1949 iniciou um novo período no nosso conhecimento da organização funcional do cérebro. Naquele ano, dois investigadores, Magoun e Moruzzi, mostraram que há uma formação nervosa particular no tronco cerebral,

que é especialmente adaptada, tanto por sua estrutura morfológica como por suas propriedades funcionais, para desempenhar o papel de um mecanismo que regula o estado do córtex cerebral, alterando seu tono e mantendo o seu estado de vigília. A excitação espraia-se pela rede dessa estrutura nervosa, conhecida como formação reticular, não como impulsos isolados, individuais e não de acordo com a lei do "tudo ou nada", mas sim gradualmente, modificando seu nível pouco a pouco e modulando, assim, todo o estado do sistema. (http://fisio2.icb.usp.br:4882/wp-content/uploads/2016/02/Psicologia-Aula2-2016-2do.pdf).

O poder da percepção

De acordo com T. Harv Eker, em seu livro *Os Segredos da Mente Milionária*, cada pensamento gera um sentimento, cada sentimento gera uma ação e cada ação gera um resultado, ou seja, temos uma equação matemática e as ciências exatas nos dizem que os números não erram. Então, P + S + A = R. Um pensamento somado a uma ação e somado a um sentimento gera então um resultado, a soma de todos os resultados trouxe você até o presente momento. Certo?

Reflita comigo agora, o resultado de sua vida até o presente momento é satisfatório para você? Se sim, basta continuar seguindo o rumo que tem tomado até aqui. Se não, é hora de mudar e corrigir sua rota para que possa alcançar os resultados que deseja.

Quando tomamos a decisão de mudarmos a nossa situação, deixamos de ser meros espectadores e passamos a ser os protagonistas de nossa vida e a percepção de como enxergamos a mesma precisa mudar. Mudar o foco e mudar os pensamentos é o primeiro passo, o que eu chamo de mudança de *mindset*, que, no sentido literal, significa mente formatada, mente configurada ou ainda configuração da mente. Quando falo de *mindset*, me lembro do ditado latim: *mens sana in corpore sano*, que significa "mente sã, corpo são".

Temos o potencial e a capacidade de nos tornarmos pessoas extraordinárias. Podemos mudar a nossa percepção da realidade quando passamos a enxergar as coisas de forma diferente de como elas são. Por exemplo: sempre quando tenho a oportunidade de falar a várias pessoas, mostro a elas que precisam dar uma proporção menor aos problemas que enfrentam, ou seja, tirar o foco do problema, começar a visualizar e buscar a solução. Como farão isso? Encarando os problemas como desafios. Certo? Os desafios (todos eles) foram feitos para serem vencidos.

Os poderes da mente

Ainda sobre T. Harv Eker, ele continua dizendo em seu livro que, se estiver no nível 2 e o seu problema estiver no nível 5, você se torna pequeno diante de seu problema. Porém, se este mesmo problema estiver no nível 5 e você no nível 8, quem ficou pequeno agora? Entendeu o jogo?

Mude a percepção.

O poder do foco

Se existe um poder pela mente que pode mudar a nossa realidade, é o poder do foco. Quando focamos em algo que queremos muito, saímos da inércia, quebramos o ciclo de procrastinação e isso nos proporciona excelentes resultados.

Quando quebramos o ciclo da procrastinação, deixamos de ter uma mente **reativa** e passamos a ter uma mente **proativa.**

Vejamos as diferenças:

Mente reativa	Mente proativa
Não posso	Eu escolho
Ah, se eu pudesse	Eu vou fazer
Sou assim e pronto	Posso ser melhor do que isso
Não consigo	Deve haver um modo
Vou tentar	Vou fazer
Vê problemas e dificuldades	Vê desafios e como vencê-los

Quando focamos, criamos metas que se tornam alvos e partimos para a ação, vencendo a procrastinação (procrastinar é o ato de deixar para amanhã tudo o que você pode fazer hoje), mudando a rotina de nossas vidas, deixando de sermos meros coadjuvantes para nos tornarmos atores principais.

Mude o foco, estabeleça metas, crie alvos e faça deles um hábito. O nosso cérebro aprende por repetição e algo que é repetido diversas vezes se torna um hábito em nossas vidas.

Gosto de usar sempre este exemplo: um menino americano, de origem negra e sobrenome árabe, chegou próximo de sua avó e disse: "quando crescer, serei presidente dos Estados Unidos". A avó respondeu: "sim, você vai". Trata-se de Barack Hussein Obama. Esse é o poder do foco.

O poder da ação

Gosto de uma leitura bíblica que transmite uma importante mensagem: "assim como você pensa na sua alma, assim você é!" (Provérbios 23.7). Esse versículo bíblico, escrito há alguns milênios, vem nos mostrar a importância de como devemos lidar com os nossos pensamentos e que grande parte daquilo que vivemos é fruto de ações e decisões que tomamos, muitas vezes influenciados pelo nosso subconsciente, pelas informações que há muito estão gravadas nele.

O nosso cérebro possui neurotransmissores (neurônios), que transmitem pulsos eletromagnéticos chamados de sinapses, que criam certo caminho em nossa mente, certo padrão de repetição que se torna uma rotina, criando um hábito pelas atitudes repetitivas que, muitas vezes, fazem com que retornemos ao mesmo ponto de partida. Na área financeira, Robert Kiyosaki chama isso de corrida dos ratos em seu *best-seller Pai rico, pai pobre*. Mas isso pode ser mudado e, para acontecer, são necessários alguns passos. Vamos lá?

1. Observe como está sua vida agora e o que pode fazer para mudar. Coloque isso em um papel ou mantenha um diário.
2. Mentalize ou visualize aonde quer chegar. Esse é o poder do sonho. Uma pessoa morre quando deixa de sonhar. Procure uma imagem que mais se aproxime de seu desejo e cole em um lugar onde possa ver todos os dias.
3. Estabeleça metas e objetivos que possam ser alcançados e comemore cada um deles.

Mantenha o foco nas metas que estabeleceu e não desista. Se vier a desanimar, pense consigo mesmo: o que está me impedindo de chegar aonde quero? O que posso fazer para mudar isso?

Confie em si mesmo e não desista. Encare os problemas como desafios e lembre-se: desafios são feitos para serem vencidos. Coloque-se em movimento, em ação e verá o que pode acontecer em sua vida. Não seja coadjuvante de sua vida, seja o ator principal, mude. Faça acontecer. **Mexa-se**. Esse é o poder da mente.

Referências

DUHIGG, Charles. *O poder do hábito*. Rio de Janeiro: Editora Objetiva, 2012.
EKER, T. Harvey. *Os segredos da mente milionária*. Rio de Janeiro: Editora Sextante, 1992.
HILL, Napoleon. *A lei do triunfo*. 36. ed. Rio de Janeiro: José Olímpio Editora, 2014.
KIYOSAKI, Robert T. *Pai rico, pai pobre*. Rio de Janeiro: Editora Campus, 2000.

Os poderes da mente

CAPÍTULO 8

Poder da mente: que bicho é esse?

Quando falamos em poder da mente, todos têm suas definições, porém o que as pessoas mais têm dúvida é: funciona? Com algumas histórias, quero convidá-lo a pensar nessa resposta.

Fabiana Weiss

Os poderes da mente

Fabiana Weiss

Formada em Química pela USP. Neuropsicopedagoga Institucional. Professora de inglês para adultos por 15 anos. Considera-se uma eterna aprendiz, sempre estudando diferentes tópicos. Conheceu e se apaixonou pela PNL, que passou a aplicar com seus alunos, obtendo resultados gratificantes. A partir de agora, quer passar esses conhecimentos ao mundo, já que a sala de aula tornou-se pequena. Certificações em *Life Coaching*, pela SLAC; *Business and Executive Coaching;* Analista Disc; Inteligência Emocional para Líderes, pela Brás Coaching. Tem como objetivo ajudar as pessoas a encontrarem seu propósito de vida. Implementou uma gestão empresarial efetiva em escolas.

Contatos
fabyweissoficial@gmail.com
Facebook: Faby Weiss
Instagram: @fabyweissoficial
LinkedIn: Fabiana Weiss
11 99909-3396

Fabiana Weiss

Quando pensei no que queria escrever neste capítulo, a primeira coisa que me veio à cabeça foi: o que é o poder da mente?
Então, decidi fazer uma pesquisa simples com alguns amigos e o resultado me surpreendeu: a maioria pensa que é algo grande, bom, mas que é quase impossível de se ter.

Aí me veio outra pergunta: será que é tão difícil assim ter ou exercer o poder da mente? É sobre isso que eu quero falar, não só para você, que está lendo agora, mas para todas as pessoas que podem ter essa dúvida.

Uma das minhas citações favoritas é de Henry Ford: "se você diz que consegue, ou não consegue, você está certo". Mas o que ele quis dizer com isso? No meu modo de ver, essa frase já diz tudo sobre o poder da mente: o que você diz para si mesmo sempre está certo. Não conseguimos mentir para nós mesmos, por mais que tentemos. A não ser, claro, se tivermos alguma distorção da realidade, mas não é o caso. Ou ainda, quando uma coisa é repetida várias vezes, acabamos por aceitá-la como verdade.

Mas você deve estar se perguntando: como fazer para controlar esse poder? A resposta pode não te agradar muito, mas é simples: não tem uma fórmula mágica. O que se mostra muito eficiente para a maioria das pessoas é: treino.

Como tudo na vida, para termos excelência, precisamos de conhecimento e treinamento para nos desenvolvermos cada vez mais. Você vai ler, ouvir, assistir a muita gente falando sobre poder da mente, mas vai ter aquela pessoa que vai fazer a diferença. Mas quem? Isso é bem difícil de falar com certeza.

O meu intuito é que, se não for eu a virar a chave na sua cabeça, pelo menos, eu consiga abrir seus olhos e sua mente para uma nova experiência.

Começando a virada de chave, vamos ser sinceros: em quantos momentos da sua vida você já ouviu falar sobre o poder da mente sob outras óticas: fé, oração, mantra, meditação, visualização etc.?

São pontos de vista diferentes com um único objetivo: ser uma pessoa melhor, acreditar em algo que não consegue ver, pegar, apalpar, ou seja, é abstrato.

Vamos ver se você lembra dos tempos do colégio, quando a professora de Química ensinou sobre átomos (eu sei, a maioria não

Os poderes da mente

gosta de Química, mas é um exemplo bom). Ela disse que "o átomo é uma estrutura (composta por próton, nêutron, elétron, núcleo, níveis, subníveis e orbitais) que forma a matéria". O ponto é que você não pode pegá-lo. Então, o que aconteceu? Fundiu sua cabeça, certo? Depois disso, você simplesmente acreditou, pois, além dela ser sua professora, ela também te deu evidências de que o átomo existe.

O paralelo que quero fazer aqui é que não precisamos ver ou tocar o poder da mente, mas podemos ver, tocar e sentir suas evidências.

Aí você me pergunta novamente: como? No meu caso, uma das formas que vejo as evidências do poder da mente é ao ouvir música. Eu sou uma pessoa muito musical, música é vida. Se fico muito tempo sem ouvir música, começo a ficar mal-humorada (essa associação é uma forma de poder da mente, porque digo a mim mesma que estou mal-humorada, pois não tenho ouvido música).

Uma das músicas que tenho ouvido constantemente é Coração Pirata, do Roupa Nova, pois o refrão me coloca a refletir: "Quando a paixão não dá certo/Não há porque me culpar/Eu não me permito chorar/ Já não vai adiantar/E recomeço do zero sem reclamar".

Se olharmos o significado da letra, é claro que ela fala de amor, mas, num contexto maior, o que ela me diz é que, se algo não dá certo, por mais que eu tenha dado meu melhor (e esse é o segredo), não adianta lamentar, apenas recomeçar. Faz sentido?

Essa é uma das músicas que eu gosto e traz uma mensagem. Que tal você procurar, entre suas músicas favoritas, alguma que tenha esse mesmo sentido?

Falando um pouco da minha história de vida, como você se sentiria quando as pessoas mais importantes da sua vida, no meu caso, minha mãe e meu marido, sempre falassem que as coisas não darão certo simplesmente para te proteger de um possível sofrimento?

Para que eu tenha paz, preciso exercer meu poder da mente: ao decidir fazer algo, em vez de falar todo o passo a passo para eles, simplesmente faço e, quando está concretizado, conto. Simples assim.

Por exemplo, só saberão deste livro no dia do lançamento. Aí você pode perguntar: mas isso não é esconder? Isso é legal de fazer com eles? Não, mas preciso aprender a ser eu mesma, antes de ser filha e esposa. Concorda?

Uma vez ouvi uma pergunta muito interessante: "se amanhã, todas as pessoas mais próximas não estivessem mais aqui, o que você faria e não faz hoje por medo ou vergonha? Essa pergunta é bem difícil de digerir. Afinal, você estaria "matando" essas pessoas, o que não é fácil.

Após uma reflexão que dura até hoje, quase 15 anos depois, posso dizer que esse exercício é libertador, pois você consegue fazer as coisas que vem adiando por medo ou vergonha do que "os outros vão pensar", "e se eu falhar?" ou outras desculpas que damos quando não fazemos o que queremos.

Esse é um exemplo de poder da mente: o que está fora falando algo contrário ao que está dentro. Há uma frase do querido Ricardo Resstel que diz: "tudo que vale a pena é morro acima". Para chegar ao topo, você precisa testar, falhar, aprender, melhorar e recomeçar.

Se essas frases não te inspiram a ter o controle de sua mente, pense em algo que te inspire. Sonhe, visualize, não custa nada sonhar. Sei que é clichê, mas muitas pessoas não se permitem nem sonhar, pois pensam "não vou conseguir mesmo". Voltamos a Henry Ford, citado no início do capítulo, que disse aquela frase no começo do século passado, mas poderia ter dito ontem que teria a mesma serventia.

Alguma vez você esteve em uma situação difícil, na qual rezou, orou ou pediu a uma força maior uma orientação? Aposto que já, seja uma pessoa querida doente, seja o desemprego ou, ainda, uma coisa mais banal, como "viro à esquerda ou vou reto?"

E o que aconteceu?

Você vislumbrou uma solução, seja "ouvindo", vendo, sonhando, tendo uma intuição.

O que quero dizer é que isso é o poder da mente trabalhando. Você está em uma situação em que não acha saída e, "do nada", a solução vem.

Mas existe um fator que não levamos em conta: o tempo. Queremos tudo para ontem, então se essa solução não aparece como um milagre, para ontem, presumimos que o poder da mente não funciona.

Imagine a situação: você quer pular do alto de um prédio para ver se sabe voar (imagine que você não saiba a resposta). Quando está na beirada, sem nenhuma proteção, seu corpo começa a tremer de medo e não consegue saltar. O que houve aqui: seu corpo e mente estão programados para sobreviver a qualquer custo. Isso é a lei da sobrevivência do nosso corpo. Então o seu corpo simplesmente não deixa que algo que irá te machucar, ou até te matar, seja feito.

Depois que você desce do telhado e vai pesquisar, vê que, se tivesse pulado, seria fatal.

Aproveitando o momento atual, em meio à pandemia do coronavírus, ou COVID-19, temos, mais do que nunca, que exercer o nosso poder da mente: devemos focar no que nos faz bem, religião, família, amigos, nas pequenas coisas que temos, mas principalmente **em quem somos**.

Nos dias atuais, é bem difícil exercer o poder da mente, pois como nos mostra Barry Schwartz em *O paradoxo da escolha*, "muitas opções produz paralisia". Ao fazer uma escolha, sempre perderemos

Os poderes da mente

a oportunidade de escolher outro caminho. Com isso, vêm as cobranças externas e até internas: por que você escolhe esse caminho ao invés daquele?

Então, para finalizar, se puder dar um conselho que tenho aplicado em minha vida: siga seu coração (mas esse assunto daria outro livro).

Obrigada por ter lido este capítulo.
Compartilhe suas sugestões de como exercer seu poder da mente.

Referência
DIAS, Diogo Lopes. *O que é átomo?* Disponível em: <brasilescola.uol.com.br/>. Acesso em 07 de jan. de 2021.

Os poderes da mente

Capítulo 9

Silencie a sua mente

Muito se fala sobre a mente e a importância de se desenvolver controle emocional e mental, foco e atenção, silenciar a mente e cessar os pensamentos para podermos descansar ou aproveitar a família. As filosofias orientais nos apresentam estratégias sobre o assunto com exercícios práticos. Um tesouro a ser desvendado, no qual o que realmente ganhamos em troca, como diria Buda, é o caminho do meio.

Fernando Perri

Os poderes da mente

Fernando Perri

Nascido na cidade de Bauru/SP, no ano de 1969. Psicólogo graduado pela Unesp (1992), com pós-graduação em Psicodrama pelo IBAP (2000). Terapeuta floral, ayurvédico, instrutor de yoga e aromaterapeuta. *Practitioner* em PNL pela Actius (2018). Instrutor de yoga pela Nataraja (2004), com especializações na Universidade Vivekananda, Bangalore e Parmarth Niketam, Rishikesh na Índia (2009-2010). Biopsicologia – Parque Visão Futuro (2004-2005). Ayurveda – Suddha Sabha Yoga Ashram, Araguari (2007-2009). Aromaterapia – Instituto Shanti (2018). Treinamento em Aromaterapia, Salt Lake City – USA (2019).

Contatos
www.voceessencial.com
fernando.perri@outlook.com

Facebook:
estudiovirtualyoga
voceessencialoleos

Instagram:
voceessencial
estudiovirtualyoga

YouTube: Você é Essencial – Óleos Essenciais
WhatsApp: (14) 99101-6471

Neste capítulo vamos tratar, de forma simples, algumas técnicas da tradição da yoga e explicar como essas técnicas podem trazer melhor qualidade de vida, equalizar a sua mente e favorecer o autoconhecimento. Vamos focar mais especificamente no aquietamento, na concentração e na meditação.

Hatha yoga

O Hatha yoga traz a proposta de utilizar o corpo como ferramenta para trabalhar e harmonizar conteúdos físicos, mentais e emocionais.

Com uma atitude correta, a prática física pode auxiliar a desfazer bloqueios de padrões mentais, físicos e energéticos manifestados em nossos corpos pelas tensões e padrões, que vão desde a nossa postura até a forma como pensamos, caminhamos, comemos e falamos.

Aromaterapia

O que é a aromaterapia?

É uma terapia alternativa que usa substâncias aromáticas naturais, tais como os óleos essenciais, para auxiliar no tratamento de enfermidades físicas, emocionais e espirituais, promovendo saúde e bem-estar.

O que são óleos essenciais?

São substâncias naturais e voláteis encontradas nas plantas, responsáveis pelos odores aromáticos que as ajudam em sua defesa e reprodução. Estão presentes em flores, folhas, cascas, frutos e raízes.

Os óleos essenciais sempre foram utilizados ao longo da história para preparo de alimentos, tratamentos de beleza e práticas de bem-estar.

Para que eles servem?

São indicados para inúmeros benefícios, desde problemas de pele, fortalecimento do sistema imunológico, até quadros emocionais e psíquicos.

Neste capítulo vamos conhecer alguns óleos essenciais que podem nos auxiliar nas técnicas da yoga e nos trazer ótimos benefícios.

Aquietamento

Aquietar: tornar quieto; apaziguar; aquietar os ânimos; tranquilizar.

Na verdade, não existe nenhum segredo. Nossos antepassados se sentavam à sombra de árvores, no meio do dia, para descansar do trabalho pesado e, em silêncio, observavam as nuvens, o sol, sentiam o vento e a umidade do ar. A partir dessa simples observação, eles podiam prever mudanças climáticas, fazer a contagem das horas, mesmo sem relógios, e o que é melhor, descansavam suas mentes por alguns instantes.

Aquietar é isso, é se permitir.

Vivemos em um mundo que nos convenceu que tempo é dinheiro. Então ficar parado, ainda que seja por alguns instantes por dia, é perder dinheiro. Será?

Somos treinados a colocar nossa atenção para fora o tempo todo, mas sem foco, sem consciência e sem prazer.

Vamos a um exercício prático

1. Se você puder, escolha um momento junto à natureza para observá-la. Permita-se silenciar por alguns instantes e ouvir boa música, observar as nuvens, a lua e um belo pôr do sol.
2. Sente-se, de forma confortável, em um lugar adequado e seguro.
3. Feche os olhos por alguns segundos e realize algumas respirações lentas e profundas.
4. Abra os olhos e observe a cena que escolheu. Procure nuances diferentes de cor e luminosidade. Observe sem julgar ou analisar.
5. Aumente sua percepção, ouvindo melhor os sons a sua volta. Sinta a temperatura do ar e respire, percebendo o ar entrando em suas narinas e enchendo seus pulmões.
6. Se algum pensamento vier a sua mente, não se irrite, apenas respire profundamente e volte a atenção novamente ao seu exercício.
7. Faça isso por alguns minutos. Um minuto é melhor do que nada, cinco minutos são melhores do que um. Não se prenda ao tempo, mas faça isso por um período curto, de forma que o exercício seja prazeroso e não cansativo.
8. Ao finalizar, observe sua mente, sua respiração e suas emoções.

Meditação ativa, passiva e concentração

Meditação é uma palavra adaptada para definir a prática chamada *dhyana*, em sânscrito. Essa técnica consiste em parar de pensar a fim de permitir que a consciência se expresse por meio de um canal mais sutil, que está acima da mente. O nosso dicionário, porém, define meditar como pensar, refletir.

Portanto, limpe sua mente dos conceitos que já ouviu sobre meditação e vamos do início. "A consciência está no corpo todo, não apenas no cérebro."

Ao meditar, estamos aquietando o corpo físico, equalizando o corpo energético (prânico) e silenciando o corpo mental e emocional. Com isso, nossa consciência pode fluir pelos veículos mais sutis e o resultado é uma sensação de paz e tranquilidade interna.

Muitas pessoas não conseguem permanecer sentadas confortavelmente para a prática da meditação, por isso que a yoga conta com um arsenal de técnicas e exercícios que visam preparar nosso corpo, nossa mente, nossas emoções e nossa energia para esse momento.

As técnicas de yoga foram desenvolvidas para tirar as dispersões, ou seja, as coisas que nos atrapalham a meditar, e nos equilibrar. Elas são ferramentas, e todas têm sua importância e devem ser praticadas com igual empenho.

Não pule etapas. Controle sua ansiedade. A regularidade na execução das técnicas é a chave do sucesso.

Aprendendo a se isolar

Você pode até conseguir sentar confortavelmente para o exercício, mas como está sua atenção? E sua mente?

É importante que você aprenda a se isolar sensorialmente do universo a sua volta para ampliar sua capacidade de concentração.

Ao fechar os olhos, estamos "desligando" a visão. Ao sentar imóvel em uma posição, desligamos o tato.

O paladar fica controlado, contanto que você não se alimente antes do exercício.

O olfato pode ser controlado se optamos por utilizar um incenso ou óleo essencial para aromatizar o ambiente da prática.

A audição depende justamente de foco, atenção e capacidade de desligamento.

Meditação dinâmica x meditação passiva

Caso você seja uma pessoa muito ativa e sinta muita dificuldade em sentar-se para meditar (meditação passiva), opte por uma meditação dinâmica (ativa). Ex: caminhada, trabalhos artesanais, jardinagem, dança etc.

O importante é que realize a atividade sozinho, em silêncio, de forma concentrada e sem objetivos financeiros, competição ou qualquer tipo de obrigação.

Os poderes da mente

Concentre-se na atividade, observe os pensamentos que chegam à sua mente. Não dê continuidade a eles. Deixe que passem por sua mente assim como nuvens passam no céu.

Se você se pegar pensando fixamente em alguma coisa, respire fundo e limpe a mente. Desapegue do pensamento e traga a atenção novamente para sua respiração e para a atividade que está realizando.

Meditação multifocal = respiração + palavra

Inicie praticando o aquietamento por algum tempo antes de passar para a meditação passiva. Existem várias formas de meditar, umas mais complexas que outras. Vejamos um exercício bastante simples:

1. escolha uma palavra, uma frase curta ou uma oração que prefira para se concentrar. Ex: "harmonia" ou "saúde;
2. opte por um local tranquilo e sente-se confortavelmente;
3. feche os olhos e relaxe os músculos. Respire devagar e de forma natural. Repita mentalmente sua frase, palavra ou oração sempre que expira;
4. assuma atitude passiva, ou seja, a sua mente irá viajar no início, mas não tem problema, volte para a sua respiração e para a sua palavra, frase ou oração de concentração. Não seja crítico consigo mesmo nessa fase;
5. continue dessa forma por cinco minutos por dia (esse é um bom tempo para iniciantes);
6. uma forma para controlar o tempo é utilizar algum tipo de alarme ou despertador com música. Outra forma é escolher uma música suave e realizar o exercício durante o tempo da música.

Óleos essenciais para auxiliar a aquietar, silenciar a mente ou meditar

Podemos pensar de duas formas a respeito do aquietamento e da meditação.

1. Você está mais sonolento e precisa se manter desperto, ter mais foco e atenção

Os óleos essenciais cítricos são excelentes para elevar o astral, energizar, despertar e clarear a mente. Auxiliam em uma prática mais revigorante. Ótimos para os dias em que estamos mais cansados, sem energia ou sonolentos.

O limão siciliano (*lemon*) é um excelente exemplo. Podemos utilizar também a bergamota (*bergamot*) ou laranja lima (*wild orange*).

2. Você está muito agitado e precisa silenciar sua mente e se acalmar

Os óleos essenciais sândalo havaiano (*hawaiian sandalwood*) e olíbano (*frankincense*) são os melhores óleos para auxiliar na prática da meditação.

Como utilizar os óleos essenciais

Aromaticamente

Uma das melhores formas de utilizar os óleos essenciais para ajudar na meditação é aromaticamente. Coloque 2-4 gotas (de um dos óleos mencionados acima) em um difusor ultrassônico para utilizar por duas horas.

Topicamente

Utilize 1-3 gotas de óleo carreador (como sugestão, utilize o óleo de coco fracionado) e 1 gota de um dos óleos mencionados acima em suas mãos. Esfregue as mãos e massageie a região da nuca e do peito.

Você pode, também, utilizar os óleos essenciais nas plantas dos pés. Os óleos cítricos podem causar sensibilidade ao sol na sua pele, por isso, evite utilizá-los topicamente quando for expor a área aplicada ao sol. Evite a exposição ao sol por pelo menos 12 horas depois de utilizar um óleo cítrico topicamente.

Aceite sua meditação como ela é hoje

Conforme vai praticando, vai ficando mais fácil conseguir concentrar-se e afastar os pensamentos não relacionados com a palavra de concentração.

As palavras que escolheu vão surgir de forma natural na sua mente. Não se irrite ou se agite por ter dificuldades no início.

Sua meditação é influenciada por muitas coisas (ver a seguir como auxiliar a meditação), mas ela reflete também o fluxo mental no qual está imerso no atual momento.

Aceite sua meditação como ela é hoje. Pratique os outros exercícios aqui apresentados e utilize os óleos recomendados e, com certeza, com o tempo, você vai perceber pequenas mudanças em seu padrão respiratório e mental.

Para ajudar na meditação

- Local adequado e confortável.
- Regularidade.
- Roupas confortáveis.
- Posição estável.

Os poderes da mente

- Atitude mental.
- Estômago vazio.
- Respiração lenta e profunda.
- Sem muito sono.
- Aromaterapia – escolha o óleo essencial que vai te proporcionar o melhor desempenho para a atividade que vai realizar.

Lembre-se: cuide da sua mente. Evite julgamentos. Temos nossos defeitos e somos seres em evolução, entenda que nem todo mundo quer te prejudicar e muitos erram por descuido, descaso ou inexperiência. Não se irrite tanto com as falhas dos nossos irmãos e irmãs.

Relaxe, você é único, mas não é insubstituível, saiba que o mundo continuará quando não estiver mais aqui. Trabalhe bastante, mas aprenda a separar um tempo para você.

Às vezes somos levados a pensar que não podemos nos ausentar e que as coisas não vão funcionar se não estivermos presentes o tempo todo.

Saiba que as outras pessoas podem continuar seus afazeres enquanto você dorme, medita, descansa ou vê um bom filme. Experimente!

Acima de tudo **ame.** Esteja, sempre que possível, com aqueles que você ama. Esses momentos são insubstituíveis. Divirta-se, encontre com amigos e aproveite mais a vida.

Apêndice

Cuidados na utilização dos óleos essenciais

- Leia as etiquetas. Siga as recomendações.
- Antes de aplicar topicamente sobre uma grande área do corpo, faça um teste em uma pequena área. Observe se há alguma reação.
- Evite exposição ao sol por 12 horas quando utilizar óleos cítricos topicamente.
- Evite o contato com os olhos, partes internas das narinas e ouvidos.
- Se estiver fazendo uso de alguma medicação constante, gestantes, amamentando, crianças e idosos precisam da orientação de um profissional qualificado.

Seguindo as normas de segurança, você garante não ter problemas com o uso dos óleos essenciais, podendo assim usufruir de todos os benefícios que eles têm a nos oferecer.

Referências
ANDREWS, Susan. *O stress a seu favor.* Editora Visão Futuro, 2003.
HERMÓGENES, José. *Autoperfeição com Hatha Yoga.* Editora Best Seller, 2004.

Os poderes da mente

Capítulo 10

O poder do efeito placebo

"É parte da cura o desejo de ser curado", dizia o filósofo Sêneca. Em defesa do desejo que vamos falar, temos aqui um poder a ser considerado, uma força, uma dinâmica que cria, autoriza e determina. Força essa que aponta hora para a vida, hora para morte. Será que podemos controlar esse poder? Será fé? O efeito placebo é real e estamos prestes a entender melhor esse poder do psíquico.

José Machado dos Santos

José Machado dos Santos

Psicólogo, com formação em terapia sexual, psicanalista em formação. Atuou vários anos em centro de reabilitação para dependentes químicos. Atualmente, é psicólogo clínico na cidade de Blumenau/SC.

Contatos
psi.jota@hotmail.com
47 99241-5002

Placebo explicado

Lidamos com fenômenos não explicáveis no mundo, o efeito placebo é um desses. Muitos se privam de usufruir desse poder por não entender seu funcionamento. O efeito placebo é um objeto de estudo e prática que considero essencial para as ciências do comportamento humano, manifestando-se espontaneamente nas relações humanas, saliento que nunca longe das relações com o outro, seja objeto ou sujeito; a placeboterapia precisa do outro. É inerente às dinâmicas relacionais, sejam reais ou abstratas. O mesmo acontece na interação com medicamentos, crendices e até quando o medicamento não tem uma substância ativa, o chamado medicamento placebo. Cito que, em alguns estudos de comparação entre substância ativa *versus* placebo, até 50% dos participantes que tomaram placebo apresentaram melhoras, comprovando a eficácia do mesmo.

A palavra placebo vem da etimologia *placere*, que indica ser do agrado ou eu agradarei, aqui utilizado para explicar uma terapia fictícia, designando uma sugestão com base no acreditar. No senso comum, a tendência é ligar placebo a um comprimido de farinha de trigo, sem componentes medicinais. A definição de Coleman é a mais próxima do que queremos enfatizar:

> Placebo é normalmente usado para designar um medicamento que não exerce nenhum efeito físico sobre o paciente, que não traz nenhum benefício físico a ele, mas que deve ter um efeito psicológico definido e importante.

Essa definição deixa claro que o efeito placebo tem fundamento no psiquismo, repercutindo, no corpo físico, os efeitos observáveis. Alguns componentes neurológicos, como neurotransmissores dopaminérgicos e regiões do sistema límbico (emoção), são acionados e produzem melhoras e até mesmo curas nos enfermos.

No dicionário de Medicina, Coutinho define placebo como:

> Termo latino com que se designa qualquer substância ou preparo inativo dado a um doente, não com o fim de exercer qualquer ação definida, mas porque o paciente não sossega enquanto se lhe não fizer qualquer tratamento.

Os poderes da mente

Coutinho vê, a partir de sua experiência médica, que alguns pacientes, que já haviam sido medicados, continuaram queixando-se de dor ou algum desconforto. Nesse caso, ele prescrevia um placebo ou uma dose não terapêutica de medicamentos. Após o procedimento, o paciente acalmava-se, cessava a dor e dormia. O efeito placebo ocorre nos diversos ambientes terapêuticos: acupuntura, fisioterapia, psicologia e ambientes religiosos etc., não se limitando à medicina.

Os bastidores da mente no placebo

Notemos que há uma solicitação do paciente, um "desejo" de cura. Essa é a hora perfeita para o poder do placebo atuar, quando se tem um pedido, um desejo de curar-se. Cria-se, então, uma espécie de *rapport*, sintonia fina entre um desejo e alguém que tem um suposto saber (poder) para curar. Estabelece-se um vínculo, com base no discurso internalizado do tipo: "eu acredito que você pode me ajudar". O psiquismo, mais especificamente o sistema límbico (emocional), está predisposto a ajudar a parte física adoecida a ser curada. O que está no papel do saber (curador) detém parte deste poder, é ele quem manipula as contingências ambientais para que afetem o sujeito (paciente). O curador apresenta um estereótipo, uma representação de alguém que pode salvar o outro. Sendo assim, estará entrando nos códigos de valores e crenças, preparando o terreno para plantar a semente da cura. Em Schopenhauer, vemos que o mundo é vontade, uma força cega, ela não é boa ou má, apenas dispara para algum lugar. Assim, o desejo de curar, ligado a uma vontade universal de viver, trará à existência o fenômeno curador. Tudo isso acontece para o sujeito que percebe o mundo, o sujeito sustenta o mundo que constrói. A vida é vontade! A origem disso tudo é a ligação que se faz com o pensamento e o outro. Em termos simples: o que o outro significa para mim pode transcender, ir além, pois, na relação minha com este outro, pode ser pensando como um pai, um deus. Um representante aparece porque desejamos, antes, que ele existisse e, se não existir, o delírio do sofrimento inventa.

Outra evidência é a apresentação do medicamento placebo: a cor, o sabor e o tamanho são importantes para a sua eficácia. Cito Coleman, o qual afirmou que:

> Para propósitos médicos, os placebos devem ser preferencialmente vermelhos, amarelos, ou marrons, de sabor amargo e nem muito grandes nem muito pequenos. As cápsulas parecem mais efetivas que os comprimidos e, para alguns pacientes, a forma parenteral funciona melhor.

Nesse caso, tanto o detentor do saber como a cápsula são os representantes para os arquétipos que foram internalizados ao longo da aquisição cultural. É preciso ver para crer, sentir para acreditar. Provavelmente, todos nós temos esse DNA banhado de crenças e, na dinâmica da relação com o detentor do saber, nossos receptores sinápticos disparam o efeito curador. Quanto mais cores se têm, mais vamos acreditar, pois as cores são simbólicas no mundo das representações e, quanto mais amargo for, mais vai nos curar, pois remédio bom é amargo, diziam nossas mães. Nossa genética sempre foi orientada para cura pela crença.

A fé, o ritual, a expectativa

A fé é a parte chave no poder do placebo. Perry & Heidrich acreditam que "a forma como o placebo é administrado e por quem, influenciam mais o seu efeito". Citam como exemplo disso o estudo realizado por D. Wheatley, cujos resultados indicaram que "a fé que o médico tem na droga que está prescrevendo e a maneira como esta fé é transmitida ao paciente exerce influência marcante no efeito da droga".

A fé no profissional (curador) define que, se alguém ocupar uma posição de transmissão de confiança, será possível um resultado placebo extraordinário. É comum elegermos um profissional de confiança e esse se tornar referência da família, às vezes por gerações. No entanto, para outros, o mesmo profissional não o será. Logo, o profissional e o paciente estão profundamente envolvidos nas crenças estabelecidas. O primeiro, com a crença em seu tratamento; e o segundo, na crença que seu curador pode curá-lo.

Assim como crer em Deus é possível, porque existem pais e nós somos filhos, buscamos esse pai simbólico e fazemos coisas em nome d'Ele; também pode-se afirmar que buscamos esse pai (curador) que pode proteger, curar, salvar. Temos em nossa genética uma história pregressa que nos leva aos antigos pajés, curandeiros, benzedores, sacerdotes etc. Essa memória reaparece nos momentos mais críticos, apontando para a vida, para a esperança de ser curado. Acreditamos que existe um poder encoberto nos efeitos placebos, que flui no desespero, chamemos isso de "Fé", e fé exige um ritual.

O ritual é todo comportamento supersticioso estabelecido pela fé do paciente, que o deixa seguro. Temos vários rituais existenciais até chegarmos ao estereótipo dos profissionais e na maneira assertiva de conduzir a apresentação de um placebo. Digo que até a pulsação é um ritual e que a batida do coração foi o primeiro batuque do tambor. Há hipnotistas que usam as batidas do coração para induzir o transe. Nada escapa! Do ritual das refeições ao ritual do dormir, criamos um que nos acomode, nos acalme, nos deixe seguros. O ritual é a canção de ninar do placebo, em que o paciente se rende ao ambiente acolhedor.

Uma expectativa

A palavra expectativa vem de *expectatio, spectare*, olhar, olhar firme, espera, antecipação. Quando aquilo que se espera ainda não se tornou real, havendo uma promessa de aparecer, de vir a ser, de vir a vida. É preciso existir uma expectativa, ao mesmo tempo transpor do apenas crer, e legitimar como possível aquilo que se espera, ou seja, uma verdade que valide a cura. Não havendo promessas em questão, mas apenas o desejo do paciente e a presença do representante (curador), ambos precisam sentir o encontro e, se não houver esse encontro, não há nada que se possa fazer.

O curador é o fio condutor que ajuda a conduzir as crenças internalizadas, transformando todos os símbolos e representações em efeito placebo, manifestando um antídoto para o corpo enfermo. Saliento que o objeto, seja ele um comprimido, óleo ungido, lenço, passe etc., é parte da dinâmica do ritual, que leva à evocação das forças curadoras. O curador e o doente estão nesse instante em pleno transe e não se dão conta da transcendência psíquica. E não são poderes paranormais, apenas uma parte da topografia do inconsciente revelando-se.

O perfeito placebo: corpo e corporeidade

Temos um corpo e esse corpo pede uma alma, algo que o anime, que o movimente. Corporeidade é a união entre mente e corpo como um só, o corpo não é só residência de um "eu", somos esse corpo em movimento no mundo, acontecendo aqui e agora, eu sou o meu corpo, e não eu tenho um corpo.

Heidegger nomeia o homem como *Dasein*, isto é, "ser aí", um ser aprovado pelo pensar, pois se penso, logo existo. Essa definição não é a fronteira do corpo que somos.

> "Quando eu aponto a porta com o dedo,
> eu não termino na ponta do dedo."
> (Heidegger)

Quando batem no nosso carro, dizemos "bateram em mim"; algo se estende além do nosso corpo, existimos além da fronteira da percepção, estamos absortos na vida, sentindo e refletindo tudo a nossa volta, misturados como partículas numa massa indivisível e assim somos afetados e afetamos os outros.

Nas relações entre o eu, o outro e o mundo, tudo tem função. O mundo está por acontecer e é na experiência que o real acontece. O desejo é uma realidade ainda não acontecida, está na "expectativa" do vir a ser, é a força motriz da cura. Nosso corpo (eu) transforma nossas intenções em atos, está em livre movimento e aparece juntando todos os signos, cultura, imagens, representações para continuar em movimento, e o movimento é a dinâmica da vida. Afirmo, aqui, que o efeito placebo é um recurso psíquico para salvar o corpo, pois o "eu" não deseja a extinção. O desejo de curar-se, cura! Seja a doença real ou não. Nota-se um tipo de poder atuando, um véu encobrindo o metafísico.

Cada manifestação do poder curador é autônoma e única, pois os envolvidos são exclusivos desse encontro, encontram-se com a intenção de criarem um poder que levita espontaneamente junto ao instinto, numa vontade de potência existente por si mesma, desejando que o ser em questão permaneça na relação com o outro.

O instinto de sobrevivência é um estado de potência do ser, atraindo e sendo atraído para um encontro de forças reativas, em que seu destino final é viver. É razoável deduzir que há uma criatividade psíquica usando forças que identificam e somam pelos símbolos, palavras, expressões, gestos e se descriptografa em frações de segundos, atuando numa topografia que contraria a verdade do que se vê. E apenas se sabe que algo aconteceu, o resultado é do não palpável, como no conceito do "Véu de Maya", é uma ilusão do mundo físico, o real está escondido dos nossos olhos.

Não existe desavença na corporeidade, muito menos entre paciente e o inconsciente curador. As curas acontecem como respostas aos anseios de uma maquinaria psíquica, programada para sobreviver aos mais duros desafios existenciais, havendo a possibilidade de ver aqui um "inconsciente coletivo", este conectando aos inconscientes pessoal e operando nos arquétipos do desejo humano. Nisso tudo apoia-se o pressuposto de um poder do placebo, resta render-nos a esse poder, que acontece quando e onde quer.

Concluo, por hora, que o perfeito poder do placebo dependerá do encontro, do ritual, da expectativa e da fé. Aqueles que ousarem treinar suas habilidades para o bom uso desse arquétipo milenar, haverão de colher frutos que saram a humanidade.

Referências

COLEMAN, V . O placebo. *Nurs. Mirror*, Sussex, 139 (13):79, Sept. 1974.

COUTINHO, A. C. *Dicionário enciclopédico de medicina*. 3 ed. Rio de Janeiro: Argo, 1977.

HEIDEGGER, Martin. *Introdução à metafísica*. Rio de Janeiro: Tempo Brasileiro, 1978.

PERRY, S. W. J. & HEIDRICH, G. Placebo response: wyth and matter. *Amer. J, Nurs.*, New York, 81(4):720-5. Apr. 1981.

SCHOPENHAUER, A. *O mundo como vontade e como representação*. São Paulo: Ed. Unesp, 2005. Tradução: Jair Barboza.

Os poderes da mente

Capítulo 11

Autocura emocional: transformando a mente pela meditação

Neste capítulo, o leitor encontrará, de forma concisa, conteúdo sobre como a meditação pode ser utilizada na promoção da autocura emocional e na harmonia das relações. No contexto do budismo tibetano, essa potente prática ultrapassa a fronteira do bem-estar e invade o campo da saúde holística, resultando em um processo infalível para o resgate da saúde mental e emocional de seus praticantes.

Lucas Pereira

Lucas Pereira

Pedagogo graduado pela Universidade do Estado de Santa Catarina – UDESC (2007), com pós-graduação em Pedagogia Empresarial pela Universidade Candido Mendes/RJ (2013). MBA Executivo em Gestão de Pessoas e Recursos Humanos pela Faculdade Única/MG (2018). Tecnólogo Superior em Gestão de Recursos Humanos pela Faculdade Educacional da Lapa/PR (2019). Autor do livro *Para você com carinho* (2020). Praticante budista. Facilitador de Grupos de meditação e estudos Budistas em Araranguá/SC.

Contatos
www.lucaspereira.net
lucaspereira.escritor@gmail.com
Instagram: lucaspereira5588
48 99627-2165

As emoções aflitivas e o sentimento de insatisfação

Muitas pessoas, durante o percurso de suas vidas, enfrentam inúmeros desafios, de ordem financeira, física ou emocional. O fato é que ninguém está imune aos percalços desta vida, passamos por momentos difíceis. Por vezes, conseguimos superar as batalhas e, após a tempestade, podemos perceber que todos os obstáculos serviram para nos deixar mais fortes e destemidos. No entanto, o que podemos fazer quando eventualmente sentimos que somos incapazes de superar um desafio ou um momento de crise? Quando nossa mente, que deveria ser a maior aliada nessa luta, se encontrar dispersa, perturbada e completamente tomada de emoções aflitivas, o que podemos fazer quando percebemos que estamos sofrendo?

Na prática, uma mente dispersa tende a adoecer, e um dos primeiros sintomas dessa doença é o surgimento do sentimento de incapacidade. Percebemos que somos incapazes de sustentar relações saudáveis, de manter bom humor, confiança, autoestima, de começar aquela dieta, de abandonar o sedentarismo, de passar naquele concurso, ascender profissionalmente ou mesmo superar fobias e vícios. Surgem, então, a angústia e a insatisfação. Nosso ego entra em colapso e passamos a sofrer. Por vezes, investimos nosso precioso tempo alimentando hábitos destrutivos, surgem os conflitos internos e externos que nos fazem questionar a razão de nossa vida. Nesse processo, abandonamos o eu verdadeiro, nos esquecemos de olhar para dentro e reconhecer nossa natureza livre, que está além do sofrimento e das expectativas superficiais.

Em síntese, podemos afirmar que nossos hábitos destrutivos são fruto de uma mente que adoeceu, nossa principal tarefa consiste em corrigir urgentemente a forma como essa mente está operando. Enfim, qual o primeiro passo a ser dado? Podemos corrigir nossa mente doente e torná-la mais saudável e menos autodestrutiva? Ou será que nosso destino já está traçado?

Autocura – libertação do sofrimento a partir da mente

A menos que seja um caso clínico, devemos compreender que a única pessoa que conseguirá mudar a nossa mente somos nós mesmos. Esta informação deveria soar como boa notícia, no entanto, para muitos é desoladora. Podemos buscar ajuda profissional, mas o fato é que ninguém possui a chave de nossas memórias e emoções. Uma vez que temos a posse dessa chave, devemos usá-la para abrir os quartos escuros da nossa mente, nos quais residem os principais medos e distrações, a fim de liberar espaço para o novo. Podemos chamar este processo de libertação e seu primeiro estágio consiste em reconhecer a liberdade presente dentro de cada escolha. Reconhecemos que somos os senhores de nossa mente e assumimos o controle dela, impedimos que nossas emoções continuem nos arrastando para lugares que não queremos ir, substituímos o sentimento de incapacidade pelo de liberdade.

Ao praticamos a liberdade, assumiremos o compromisso de não mais sofrer por coisas que já aconteceram, nosso passado, erros e medos. Contemplaremos todos os nossos hábitos, escolhas e emoções, deixando que a energia que brota desses pensamentos surja em nossa mente e se dissipe. Praticaremos o desprendimento dessas energias, abrindo a cela dos sofrimentos e deixando que voem como pássaros silvestres. Eles não possuem mais o poder de influenciar a nossa vida, pois somos livres, ninguém está condenado a sofrer, temos a opção de sermos felizes e abriremos espaço em nossa mente para o novo, usaremos nossa liberdade para também descartarmos a falsa ideia de que fama, dinheiro, poder, *status* ou prazeres sensoriais constituem fontes confiáveis de felicidade. Os mestres de meditação nos ensinam que esses desejos efêmeros são como água salgada, quanto mais bebemos mais sentimos sede, e nunca estaremos saciados. Nossa busca primordial deverá ser a superação de todos os nossos bloqueios mentais e hábitos destrutivos. Devemos abandonar a escravidão de uma mente programada para sofrer. Em seu livro *A joia dos desejos* (2001), o Lama Padma Samtem cita:

> A compreensão de que nossas vontades são uma forma de prisão e não de liberdade é o primeiro passo para uma superação. A observação desse mecanismo é, em si mesma, uma poderosa forma de libertação.

Encontrar a causa de nosso sofrimento e compreender nossa liberdade como um remédio constituem os dois primeiros passos para a cessação do sofrimento. Em seguida, estaremos prontos para o terceiro estágio da autocura, que consiste em desenvolver uma mente saudável, desperta e compassiva pela prática do silêncio genuíno, e a principal ferramenta que iremos utilizar será a meditação.

Meditação – a arte de encontrar equilíbrio no silêncio

Existem inúmeras abordagens para a prática de meditação. Utilizaremos, neste capítulo, a abordagem milenar do budismo, mais especificamente a tibetana.

Etimologicamente, a palavra meditação advém do latim, *meditare*, e pode ser traduzida como: ponderar, refletir ou voltar-se para o centro, no sentido de se desconectar do mundo externo e direcionar a atenção para dentro de si. Em tibetano, meditação é "gom", cuja origem verbal é a mesma de "habituar-se" ou "familiarizar-se". Meditar significa habituar-se a emoções e atitudes construtivas, realistas e benéficas. Nessa tradição aconselha-se que, antes de alguém iniciar uma prática autêntica de meditação como caminho espiritual, o ideal seria buscar orientação de um mestre que possa orientá-lo. Cientes dessa informação, iniciamos nosso processo de transformação.

No estágio inicial da meditação, uma das principais práticas consiste em apenas "sentar e silenciar". Essa simples atitude possui o extraordinário poder de equilibrar nosso corpo, energia (respiração) e, principalmente, nossa mente, gerando sensação de bem-estar e paz. A estes três veículos: corpo, respiração e mente, daremos maior atenção neste momento, uma vez que é, por meio deles que nos relacionamos com o universo externo e, consequentemente, deixamos nossas marcas e impressões por onde passamos.

É importante salientar que, para abrir espaço em nossa mente e praticar o silêncio em nossos três veículos, não teremos necessariamente que nos isolarmos do mundo em uma floresta ou evitar a companhia de outras pessoas; podemos facilmente praticar esses métodos em nosso cotidiano, seja no trabalho, no metrô ou, até mesmo, em um *happy hour* com amigos.

De início, para gerarmos o silêncio genuíno, devemos criar intimidade com nossos três veículos que, juntos, formam a nossa identidade no mundo (corpo, respiração e mente).

Podemos iniciar observando nosso corpo: quanto mais agitados e inquietos nós somos, mais difícil será silenciá-lo. De início, podemos expressar silêncio genuíno apenas mantendo-o imóvel e, quando necessário, limitar-se a movimentos lentos e elegantes, tais como um cisne deslizando num lago numa bela tarde de primavera. Ao manter o corpo relaxado, buscamos uma postura que possa gerar estabilidade sem gerar desconforto. Em seguida, focamos na energia que se manifesta pela nossa respiração.

A forma como respiramos e falamos pode denunciar a qualidade de nossas energias; o desequilíbrio pode se expressar por meio de palavras impróprias, com tom alto ou fala compulsiva. Ficar mudo, em alguns casos, pode reduzir os conflitos, no entanto, não irá resolver nosso problema, pois a forma genuína de gerar silêncio pela respiração consiste em respirar profundamente e contemplar nossas palavras antes de serem ditas. Buda ensinou: "fale apenas quando o que for dito for mais belo que o silêncio". Esse exercício se propõe a educar nossa energia no sentido de cessar os conflitos e fortalecer nossas relações. Por fim, chegamos ao silêncio da mente.

Quando estamos com a mente agitada, geralmente ficamos distraídos, tudo a nossa volta fica bagunçado e confuso, nossos planos e objetivos tornam-se efêmeros e o resultado das nossas experiências geralmente é desastroso. Os mestres de meditação ensinam que nossas experiências também são influenciadas pela qualidade das ações que fizemos nesta e em vidas passadas, produzidas com nosso corpo, fala e mente. O budismo denomina este processo de "carma". No entanto, neste capítulo, iremos chamá-lo apenas de "hábitos mentais". São esses "hábitos" que definem o resultado de nossas experiências e quanto mais desequilibrados ou destrutivos eles são, mais sofrimentos iremos experimentar ao longo de nossa existência.

A boa notícia é que podemos cessar os hábitos destrutivos de nossa mente e até curar nossas relações com os outros, e uma das formas de superar esse ciclo doentio é pela meditação. A mente, quando atinge o silêncio genuíno, pode ser "reprogramada" pelo cultivo de qualidades incomensuráveis, tais como compaixão, amor, alegria e regozijo. É a partir dessa habilidade que deixaremos de ser escravos e passaremos a senhores de nossas emoções e pensamentos. Muitas tradições meditativas nos ensinam que os pensamentos são as sementes de nossas experiências futuras. Quando geramos um pensamento bom, plantamos uma semente de boa experiência que, consequentemente, brotará a seu tempo. Logo, a qualidade de nossos pensamentos determinará se nossas experiências serão de felicidade ou sofrimento. Nesse contexto, o cultivo de emoções positivas consiste em "iluminar" cada pensamento, assim cada nova experiência poderá ser "iluminada" por nossa visão compassiva. Mesmo diante das dificuldades, uma mente saudável se manterá imperturbável e equilibrada. Podemos gerar esse estado de mente também para curar nossas relações conflitantes, podemos nos comprometer em gerar realidades mais saudáveis e gentis.

Em nosso convívio, certamente, todas as pessoas possuem qualidades e defeitos. Utilizamos a liberdade da nossa mente a nosso favor e decidimos nos relacionar apenas com as virtudes delas. Em analogia, podemos usar as rosas. Quando as vemos, pensamos, elas são belas. Mas também possuem espinhos. Podemos focar apenas nas qualidades positivas dos outros e deixar de lado suas falhas.

Essa escolha depende apenas de nós quando realmente estamos no controle de nossa mente. Nesse sentido, não devemos atribuir aos outros o fracasso de nossas experiências. Em seu livro *Para abrir o coração* (2011), o mestre de meditação Chagdud Rinpoche cita:

> O mundo é como um grande campo coberto de espinhos e objetos afiados, em vez de tentar cobri-lo com couro é muito mais fácil usar um par de sapatos.

Ou seja, em vez de mudarmos o mundo e as pessoas, devemos, primeiramente, curar a nós mesmos, e podemos começar a partir do treinamento de nossa própria mente.

Metta bhavana, a meditação do amor universal

Ainda que tenhamos descoberto as causas, o remédio e o tratamento para o nosso sofrimento emocional, isto por si só não terá valor algum se não iniciarmos de fato o processo de autocura. Não teremos uma mente saudável apenas porque tivemos contato com uma teoria. Além do entendimento, temos que ter experiências e, para gerar uma mente saudável com qualidades positivas que possam acolher os demais, temos que gerar um estado de consciência (plantar a semente) para que, então, a partir dessa familiarização, possam brotar ações efetivas. Quando nos conectamos com qualidades e emoções positivas, nossa mente cria, de forma espontânea, experiências positivas, tudo muda para melhor. Mas como fazemos isso na prática?

Buda, durante o período que concedeu ensinamentos, deixou cerca de 84 mil métodos de treinamentos da mente. Usaremos, neste capítulo, uma prática muito difundida na tradição do budismo *Mahayana*, a meditação *Metabavana*.

Em pali, *metta* quer dizer bondade amorosa ou amor universal, e *bhavana* significa meditação, logo *Metta bhavana* pode ser chamada de meditação do amor universal. Pela prática diária dessa meditação, iremos familiarizar nossa mente com a emoção mais potente e curadora deste universo, o amor. A partir da intenção e da motivação pura, criaremos as sementes positivas para nossas experiências futuras, cessando os ciclos de sofrimentos. Seria uma tarefa muito audaciosa abordar a profundidade de cada verso dessa meditação neste modesto capítulo. Portanto, optei apenas por uma abordagem focada na prática e seus benefícios.

Com nossa mente ampla e vazia de pensamentos conflitantes, geramos silêncio em nosso corpo, respiração e mente. Em seguida, com o coração aberto e repleto de paz, repetimos os versos quantas vezes acharmos suficientes. Primeiramente para nós mesmos, no intuito de

Os poderes da mente

gerarmos autocompaixão; em seguida, recitamos para as pessoas próximas e queridas; depois, para quem somos indiferentes; por fim, para pessoas pelas quais sentimos mágoas e forte aversão. A prática diária pode se tornar um remédio potente e eficaz para nossa mente, eliminando nossas emoções aflitivas e curando as relações.

1. Que ____ seja feliz.
2. Que ____ não sofra.
3. Que ____ encontre as verdadeiras causas da felicidade.
4. Que ____ supere as causas do sofrimento.
5. Que ____ supere toda ignorância, carma negativo e negatividades.
6. Que ____ tenha lucidez.
7. Que ____ tenha a capacidade de trazer benefício aos seres.
8. Que ____ encontre, nisso, a felicidade.

O traço (____) é onde colocamos o EU e as demais pessoas.

Referências
DROLMA, Shenpen, Lama. *Para abrir o coração: ensinamentos para paz de Chagdud Rinpoche*, 2. ed. Editora Makara, 2011
SANTEM, Padma. *A joia dos desejos*. Editora Peirópolis, 2001.

Os poderes da mente

Capítulo 12

Como controlar a ansiedade a partir do acesso ao seu inconsciente ou ao campo da potencialidade pura

Neste capítulo, os leitores encontrarão uma forma simples e objetiva de entrar em contato com o campo de sua potencialidade pura. Quando éramos crianças, estávamos completamente conectados com a nossa mais pura essência e, com o passar dos anos, acabamos nos distanciando do que poderíamos chamar também de campo de ligação com a natureza e a criatividade. Nesse campo estão concentradas nossas verdadeiras força e riqueza, necessárias para nos recarregarmos e nos impedirmos de perder tanta energia tentando controlar o incontrolável mundo externo.

Rosa M. de Gaetano

Rosa M. de Gaetano

Master coach e *business and executive coach* (*coach* executivo e de negócios), com empresas já atendidas na região sudeste. Curso de palestrante com Luiz Lindner e Ricardo Piovan. Recursos da Neurociência e PNL. Trabalhos de *coach* – organização empresarial, gestão de negócios – problemas relacionados a diretorias, gestão de mudanças, aquisição de negócios, trabalhos de liderança, trabalhos de sucessão – gestão de times. Graduada em Música pela Universidade Federal da Paraíba, com especialização em percussão. Possui conhecimento em mais de cinco instrumentos, entre eles piano, bateria, violino, marimba, vibrafone e tímpanos. Violino – três anos na Camerata do Sesc-SP; percussão – 6 anos em Orquestra (Orquestra Sinfônica de Recife e Orquestra Filarmônica de Goiás. Experiência de mais de 20 anos de atendimentos. Em educação, transformando *mindset* – Barra de *Access Practitioner* – corrigindo zonas de estresse (*burnout*), depressão, bloqueios etc. *Feng Shui* para o ambiente.

Contatos
rosahgaetano@gmail.com
YouTube: www.youtube.com/user/rosahmaria
15 99723-4582

Rosa M. de Gaetano

Você gostaria de controlar a ansiedade quando sabe que, no dia seguinte, terá que ler os resultados dos progressos da empresa, independentemente de serem bons ou ruins?

Você gostaria de controlar a ansiedade quando sabe que precisa dar comandos para sua equipe de vendedores de forma a ter os melhores resultados?

Você gostaria de controlar a ansiedade quando sabe que sua filha ou filho estão namorando sério?

Como seria se pudesse se manter tranquilo e confiante em todas as situações e extrair o melhor de você e sua equipe com plena satisfação? Ou, então, ler o boletim do(a) filho(a) e se manter sereno para poder orientar?

Desde muito cedo sempre tive o hábito de ir ao culto da igreja do bairro onde nasci e morei em São Paulo. Eu sempre prestava atenção nas colocações do evangelho do Novo Testamento e lembro que, quando comecei a colocá-las em prática, meu rol de amigos aumentou muito e, também, minha popularidade. Porém, fui crescendo e deixando de lado a transformação mental que os hábitos mentais saudáveis me proporcionavam. Nessa época, com 17 anos, já estava estudando piano, o que me transformou em uma pessoa focada, mas ainda com muita insegurança.

Passados alguns anos, me casei e me transferi para o nordeste por necessidade de meu ex-companheiro. Eu havia casado com separação total de bens, porque, na minha ingenuidade, achava que esse era o matrimônio adequado, apesar de meu ex-companheiro não ser tão afortunado. Porém, hoje, com mais experiência, não faria isso. Quando casamos, abrimos mão de coisas e da companhia de pessoas, o que é natural. Mas nunca sabemos o que nos reserva o futuro. Apenas planejamos e pronto.

O fato é que, após dez anos de muitas lutas, retornamos para o sudeste, mas separados. Eu havia ficado longe do centro de trabalho do país por dez anos. Fui, então, residir na casa de meu ex-companheiro até conseguir um novo trabalho. Afinal, eu havia saído dali por motivos alheios a mim.

Nessa época, meus pais já haviam partido para outra dimensão e a herança que me era de direito também havia partido de minhas mãos, pois a inflação nesses anos era como um monstro faminto que devorava qualquer quantia financeira. O resultado disso é que terminei com um

Os poderes da mente

emprego, morando em um quarto com apenas meus instrumentos e minha roupa do corpo.

Então, decidi que teria que mudar minhas crenças. Resgatar minha força. Decidida, encontrei um livro, em uma biblioteca, que falava sobre como poderíamos modelar nosso inconsciente. Até ali, eu tinha minha religião, auxiliava o próximo como recomendado porque me sentia útil, mas faltava algo. E nesse livro, que abordava o triunfo, encontrei o que procurava.

A cada frase da obra, que remontava a modelar o inconsciente com frases perfeitas, sentia que minha mente estava completamente poluída e enfraquecida. Conforme repetia cada frase recomendada pelo livro, limpava minha mente, tornando-a mais saudável, forte e esperançosa, como era na minha infância após cada explanação do evangelho. Porém, agora, eu tinha as frases como se fossem bisturis, que cortavam qualquer possibilidade de fracasso, medo, insegurança e ansiedade. Eram frases perfeitas e me deixavam em paz e harmonia. E fui me animando.

Aquela energia, que agora tomava conta de mim, atraia cada vez mais oportunidades. Meus ganhos eram organizados, de forma que comecei a realizar uma ideia fixa e forte: ter uma casa e nunca mais ter que depender de ninguém. Quanto mais firme for nosso desejo, com os cinco sentidos, mais próximos de realizá-lo estaremos.

Nessa época, minha irmã estava lendo um livro sobre as leis espirituais do sucesso. Logo me identifiquei, pois complementava o primeiro livro que já havia acabado de ler e já tinha decorado muitas frases perfeitas. Até hoje as utilizo. Eis uma delas: "destruo e apago, pela minha palavra expressa, todo o mau registro de minha mente subconsciente". Ele é fruto de minha vã imaginação. Formo, agora, os meus registros perfeitos por meio de meu Cristo interno – os registros de saúde, riqueza, amor e perfeita expressão própria.

Essas frases recomendadas deveriam ser repetidas até o inconsciente mandar uma resposta que viria em forma de calma e certeza de que ele havia sido reprogramado. E foi o que aconteceu. Passei a ter calma, confiança e esperança. Em seis anos, consegui me mudar para a casa que mentalizei. Hoje, segundo a Neurociência, sabemos que podemos remodelar nosso inconsciente.

O sucesso, na verdade, é a ampliação constante da realização de ações compensadoras que nos tornam felizes. Como se uma avalanche de coisas boas nunca parasse de chegar até você. Porém, quando focamos o sucesso apenas como aquisição de coisas externas, existe aí um equívoco.

Aprendemos, desde a escola, a focar o externo ao nos vestirmos, nos arrumarmos e no modo como nos portamos. Aprendemos a valorizar nossa aparência, nossa desenvoltura social, nossos bens materiais e nos acostumamos a comparações. Mas, se pararmos para analisar alguns pontos, veremos como é irracional esse tipo de postura. Como consultora de *feng shui*, vou me remontar a essa maravilhosa forma de ver o mundo.

No *feng shui*, somos levados, pelos conhecimentos orientais, a observar a natureza. Existe uma roda construtiva de cinco elementos que formam todas as coisas na natureza, que nos mostram de forma bem simples como tudo está conectado à criação. Os cinco elementos que se colaboram e que se descontroem para se construírem melhor infinitamente: água, madeira, fogo, metal, mineral e o círculo se fecha. A água alimenta a madeira, que alimenta o fogo, que forma a terra, que forma o mineral (metal), que enriquece e forma a água (embaixo da terra), que brota da pedra e, assim, a construção acontece.

Em nossas vidas, assim como na natureza, também estamos encaixados nesses ciclos pelos polos magnéticos da terra, sendo que cada um de nós nasce em determinado dia, mês e ano, que podem ser analisados e nos dar o *assessment* de nossa personalidade. Assim, na natureza, se observarmos, tudo tem a sua potencialidade pura: a água rola, a grama cresce, a árvore dá sombra e frutos, o vento sopra, o fogo queima. E nós, como seres deste universo, estamos conectados com o todo e também temos a potencialidade pura de ser útil, de raciocinar, de perceber, de sermos cada vez melhores, de crescer e de amar. Temos, dentro de nós, tanto quanto a natureza, a potencialidade divina.

Portanto, estamos fadados à felicidade e ao sucesso. Quando passamos a ver em nós uma expressão divina em qualquer tempo, sabemos que podemos realizar prodígios. Deus não se expressa somente pela maravilhosa natureza de vegetação, flores, rios e pássaros. Ele também se expressa pela nossa potencialidade pura. Somos criação da divindade em movimento. A partir do momento em que realizarmos a experiência de apenas nos conectarmos em silêncio conosco, poderemos vivenciar essa conexão.

O nosso maior problema é tentar controlar o externo e esquecermos de nos ligar, antes de tudo, ao interno, onde reside nossa verdadeira força e riqueza. Em todos esses anos, aprendi que não é o talento apenas que nos leva ao sucesso, mas sim a prática constante do que podemos realizar diariamente.

Teste por uma semana para perceber sua evolução.

Exercício para fazer em local isolado

Primeiro, reserve, todo dia, 15 minutos (nos primeiros dias; depois aumentar) e entre em contato consigo mesmo, em silêncio, apenas observando e sentindo você. Imagine-se com sete anos, como o observador forte, feliz e completo, sem necessidades e muito rico. Vá imaginando o que esse observador diz. Nesse espaço, depois de alguns dias, poderá colocar seu desejo.

Segundo, não realize nenhum julgamento por uma semana. Deixe as coisas acontecerem sem julgá-las. Exemplo: se estiver na rua e alguém jogar lixo no chão, apenas observe, apanhe e jogue em algum cesto. E assim pelo resto do dia.

Faça pequenas paradas durante o dia para prestar atenção em como a natureza trabalha: o perfume de uma flor, os frutos de uma árvore, os sons de mar, riachos, passarinhos etc.

Referências
CHOPRA, Deepak. *As sete leis espirituais do sucesso*. 10. ed. São Paulo: Editora BestSeller, 1994.
PRADO, Lourenço. *Alegria e triunfo*. 89. ed. São Paulo: Pensamento, 2013.

Os poderes da mente

Capítulo 13

Os pontos fundamentais que precisamos saber para fortalecer a nossa mente

A maior dificuldade do ser humano é se relacionar com as pessoas. Quando percebe, os laços foram rompidos, a amizade, o casamento, a sociedade e o emprego chegam ao fim. A arte do relacionamento é a forma como enxergamos o outro. Neste capítulo, apresento pontos fundamentais, com ações eficazes que, seguidas passo a passo, gerarão relações duradouras, negócios prósperos e ambientes corporativos agradáveis, valorizando sempre o bem-estar e a união entre as pessoas.

Sidney Botelho

Os poderes da mente

Sidney Botelho

CEO e palestrante da Toyê Coaching, Training & Eventos. *Master trainer, master coach*, neurocientista, especializado em Hipnose Ericksoniana. Especialista em oratória, comunicação e negociação. Formação pelo Instituto Brasileiro de Coaching. Formação em Negócios em Serviços pela Universidade Presbiteriana Mackenzie e Universidade Monteiro Lobato. Experiência de 30 anos nas áreas de TI/Telecom, com passagens em grandes multinacionais; 22 anos de atuação na área de Rádio e TV, sendo âncora de telejornal na Rede Gospel de TV; 20 anos na área de cerimonial e eventos, como apresentador e mestre de cerimônias. Autor do livro *Além do microfone – improvisos de um mestre de cerimônias* (2016). Coautor dos livros *Profissional de alta performance* (2019), *Coaching de carreira* (2019), *Coaching – mude o seu mindset para o sucesso* (2019), *Manual completo de empreendedorismo* (2018) e *Momento zero* (2020) pela Literare Books. Apresentação para mais de 3 milhões de pessoas.

Contatos
www.sidneybotelho.com.br
Instagram: @sidneybotelhooficial
YouTube: Sidney Botelho

A capacidade de dominar a mente, o autoconhecimento, a percepção das crenças que prejudicam o desenvolvimento, dos limites que não permitem a evolução intelectual e o autocontrole são pontos fundamentais para que o ser humano possa viver a vida em abundância e encontre a plenitude.

Neste capítulo, vou apresentar algumas técnicas que permitem que as pessoas possam alcançar a mudança de mentalidade para que não entrem na onda da preocupação e dos pensamentos que geram estresse e depressão.

No autoconhecimento mental, é difícil encontrar respostas que nos permitam avançar em nossa vida pessoal e profissional, pois a mudança dos hábitos é constante e a adequação para a realidade moderna, pela agitação e pela incompreensão, aumenta a insatisfação, fazendo com que o indivíduo não se perceba e se destrua gradualmente.

O que muitas pessoas não percebem é que, diante das muitas dificuldades encontradas ao longo do processo de evolução humana contínua, é preciso ter o tempo de diálogo com o seu interior, pois é o que precisamos para mudar nossos hábitos e entender o que somos e, posteriormente, expressarmos para as pessoas que conviverão conosco por um período da vida.

Esse diálogo só é possível se o indivíduo reconhecer as suas limitações internas e perceber que esses conflitos estão impedindo que sua vida flua na mesma frequência da vida das demais pessoas, sem, necessariamente, ter igualdade em suas ações e atitudes.

Equivoca-se aquele que quer repetir o que o outro é. Quando esse indivíduo desperta do seu bloqueio espelhado, vê que cada ser pode oferecer uma mudança transformadora para vida das outras pessoas. O que acontece, muitas vezes, é que não entendemos esse dom tão importante que trazemos dentro de nós, a nossa mente.

A mente possui uma força poderosa que aumenta nossa capacidade de identificar todas as nossas falhas e eliminá-las, construindo uma mentalidade positiva, alterando os pensamentos em prol da multiplicação do conhecimento, abrindo as possibilidades do desenvolvimento humano.

A Psicologia é a ciência que nos permite encontrar todos os vícios que adquirimos com o tempo de convívio pelas nossas atitudes e a forma como levamos a vida. Diante dessa realidade, o indivíduo consegue neutralizar as ações maléficas e buscar a solução para esse tipo de dificuldade interna.

Referente à Hipnose Ericksoniana, criada pelo psiquiatra Milton Erickson, da qual sou especialista, o indivíduo traz o desenvolvimento pessoal por intermédio da hipnoterapia, que permite o acesso a imagens armazenadas nas recordações da pessoa. Quando identificadas corretamente, facilitam o desbloqueio ou a ressignificação de algo que ficou enraizado ao ser reconhecido. Evidentemente, essas imagens não são expostas com tanta frequência, por receio do próprio paciente em trazer à tona a dor ou o sofrimento que o incomodou por tempos.

Atualmente, muito se fala de Programação Neurolinguística, a PNL, que, diante dos seus criadores, Richard Bandler e John Grinder, ainda na década de 1970, aponta o caminho mais curto para que o ser humano se comunique com o seu interior, podendo extrair informações bloqueadas por algum comando recebido no passado, que o impede de avançar em algum setor da vida.

Muitos especialistas afirmam que, quando o indivíduo abre sua mente, expande os pensamentos por, no popular, pequenas caixas. Com essas descobertas, pode-se alterar a forma de agir, modificando as técnicas das habilidades que possui, evitando adquirir traumas, fobias, doenças psicossomáticas, dentre outros distúrbios que atrapalham no desenvolvimento humano e intelectual.

Diante de cada realidade que surge sobre a ciência da nossa mente, temos que, primeiramente, absorver o que realmente nos permite entender o que é para nós.

Nos dias atuais, a pessoa quer se conhecer abrindo, literalmente, sua mente com gurus, meditações ou com ferramentas da mente, ampliando o poder de conscientização e mentalização das informações com mais clareza. A mesma abrangência que podemos alcançar quando permitimos nos conhecer interiormente, seja em uma indução, regressão ou projeção, e entender que somos capazes de mudarmos em diversos pontos de nossas vidas, para que, diante da mente poderosa, possamos aplicar habilidades com ações que nos darão uma nova maneira de enxergar o futuro.

O ser humano registra, ao longo do amadurecimento, padrões comportamentais desenvolvidos dos costumes trazidos dos pais, professores, líderes etc. A influência dessas pessoas, muitas vezes, é o motivo dos conceitos criados em sua mente e, definitivamente, leva um tempo para que o cérebro mude a forma de agir, pensar, interagir ou conduzir os movimentos para a nova realidade.

O desenvolvimento pessoal faz parte de um aprendizado contínuo. Quando percebemos, estamos praticando coisas que não mais pertencem àquela nova fase da vida.

O exemplo pleno é a forma de fazer algo, técnicas que aprendemos, desenvolvemos e, quando menos esperamos, tudo muda drasticamente, fazendo perceber que o novo processo é mais eficaz que tudo que aplicamos ao longo de décadas. Essa é a percepção, no momento em que estamos presos por grandes períodos em uma empresa ou, até mesmo, em relacionamentos longínquos de nossas vidas, repetidamente, realizamos aquela atividade da mesma forma.

Essas ações são hábitos criados que precisam ser adequados e modificados, mas o medo e a fraqueza do novo não permitem que recebamos aquela nova ação com tranquilidade, então criamos obstáculos para nossa mente e só mudamos quando um novo comando ou alguém nos mostra a nova visão daquilo que sempre executamos. Hábitos antigos são muitas vezes o que prejudicam a evolução do ser humano.

Por que temos tanta dificuldade de querer entender o novo? Por que resistimos? Por que relutamos?

Seria tão fácil se pudéssemos nos relacionar com as novas ações da mesma forma que fazemos com as antigas, adicionando uma na outra. Para que tudo se modifique, é preciso admitir a mudança, é preciso reconhecer que aquilo não lhe pertence mais e excluir das recordações todas as informações pertinentes ao que não faz mais sentido e não será mais utilizado.

Neste cenário, apresento uma fórmula simples de modificar o velho e alcançar o novo. É um dos tópicos do método *"Agir para vencer"*, que desenvolvi e que auxilia muito no raciocínio do ser humano para identificar as mudanças nas novas ações que contemplam a sua realidade atual.

Inicialmente, digo que em tudo existe "lógica". Com isso, quando o nosso cérebro recebe qualquer informação, temos que mentalizar que aquela nova mensagem será distribuída para todos os setores para reconhecer se pertence a alguma área de nossa vida.

Quando percebemos que essa mensagem não está condicionada ao passado, entendemos que é necessária nova programação neurológica em nosso mecanismo cerebral, para criarmos gatilhos mentais que gerarão novas camadas denominadas como dúvidas sobre o novo. Quando expandimos o pensamento, ampliamos a possibilidade de criação de pequenas mensagens alternativas que darão proteção para a informação macro, a mais completa.

As micromensagens são fundamentais para que o indivíduo entenda e reconheça que aquilo pode ser bom ou ruim para o seu bem-estar.

Basicamente, ao termos essa nova mentalidade de enxergar a possibilidade de expansão, abrindo caixas mentais em nosso cérebro, aumentamos o poder de decisão e essa força de opinar, de questionar, de interagir, remete justamente à melhoria das atitudes que o indivíduo terá a partir desse estágio. Com essa metodologia, novos hábitos serão gerados e nos condicionarão a visualizar situações de futuro mais reais do que foram no passado.

A lógica utilizada neste momento é a ferramenta inicial para o desenvolvimento humano e intelectual, pois o avanço do raciocínio abrirá a mente e as próximas informações que chegarem ao cérebro na adição da mensagem serão armazenadas em blocos neurológicos condizentes àquilo que foi recebido.

Por exemplo, quando dizemos que as crianças têm facilidade de aprenderem um idioma mais rápido que os adultos, devido ao condicionamento das informações que possuem em seus cérebros, isso deve-se ao fato de que o indivíduo mais velho não soube definir as prioridades daquele momento. Com isso, não abre a mente para aquisição desse novo conteúdo. Todavia, criando o entendimento do aprendizado pela lógica de programação interna do cérebro, desenvolvida por ele próprio, tudo será direcionado para o setor mental predeterminado e a assimilação e o armazenamento serão mais eficazes.

A existência humana evolui conforme o homem se desenvolve, adquirindo novos jeitos, maneiras, atitudes, pensamentos e habilidades. Podemos afirmar que o indivíduo se reinventou muitas vezes nesses milênios, por isso, a ferramenta poderosa, somando com a lógica, é a "comunicação".

A comunicação é a forma mais dinâmica de expressão do ser humano. Por meio dessa ferramenta, pode-se transmitir o que se passa dentro do cérebro, por intermédio da voz, de gestos, da visão, da audição, da escrita, ou seja, como diz o filósofo, o corpo todo fala.

O curioso é que o desenvolvimento dessa área é um dos mais difíceis se comparado a outras áreas, pois muitas pessoas não conseguem se comunicar com eficiência. Neste capítulo não vou expressar o poder da comunicação, mas, sim, como juntar a lógica com essa ferramenta, para entender que, unidas, todas as novas possibilidades serão recebidas com mais naturalidade.

O bloqueio interno que deixamos tomar conta de nossa mente surge pelo medo de ouvirmos o que as pessoas nos dizem, e o mais temível é o momento de nos ouvirmos internamente. Minha intenção é mostrar que, ao permitirmos a entrada de qualquer nova informação, estamos ampliando o poder do cérebro em relação à mensagem que este quer receber.

Quando o cérebro não está programado com a lógica estruturada, definida pelo indivíduo, qualquer tipo de comunicação, visual, verbal, gestual ou auditiva, não surtirá efeito, devido ao bloqueio criado anteriormente. É fundamental, neste estágio, a permissão do receptor para que o novo seja avaliado e adicionado nos setores correspondentes, facilitando a análise de aprovação ou negação dessa nova informação.

Veja que, em muitos casos, o nosso cérebro sabe definir o certo e o errado decorrente da informação que chega, permitindo escolher quais das opções são mais coerentes para o momento em que estamos. Temos, muitas vezes, dúvidas criadas em nossas mentes por conta de eventos passados, e a nova informação nos remete a recusar, excluindo em definitivo ou até mesmo deixando em um espaço destinado a assuntos não prioritários.

A complexidade é o que interrompe a lógica e a comunicação, pois, diante desse cenário, a nossa mente desenvolve uma nova habilidade: a interpretação. Essas três habilidades são importantes para que a mente se expanda, incondicionalmente.

A interpretação é a forma pela qual entendemos e avaliamos o que chega ao nosso cérebro, tendo em vista que essa técnica é somada às nossas caixas mentais, criadas pela lógica definida anteriormente e os meios que nos comunicamos com todas as situações e circunstâncias de nossa vida.

A interpretação é a divisão das alternativas criadas no processo lógico do nosso raciocínio. São todas as condicionais analisadas para que, diante de tudo, o indivíduo consiga se expressar e gerar novos hábitos, atitudes e inove em áreas descobertas pelas novas informações adicionadas no cérebro.

São muitas técnicas para a Neurociência, a Psicologia e as ciências que estudam a mente humana, mas as pessoas precisam criar a própria maneira de viver, não se condicionando às tendências impostas pelo outro e, sim, ao que lhes cabem naquele momento. Entendo que a nossa forma de pensar deva-se a raízes herdadas, mas somos seres criativos, inovadores; não nos percamos em crenças limitantes, bloqueios ou qualquer tipo de armadilha que armazenamos na nossa central de comando, ou seja, nosso cérebro.

O ser humano precisa identificar o que deseja para a vida, pois a gestão da sua mentalidade o faz ter crescimento avassalador, a inteligência racional não será superficial, logo os resultados obtidos serão reconhecidos pelo cérebro e a autoestima evitará os pensamentos negativos, a criatividade será desenvolvida com mais facilidade.

Deixe o cérebro fluir com uma lógica construtiva, para que a comunicação alcance um maior número de pessoas, melhorando o relacionamento, ampliando o poder da interpretação, aumentando a qualidade das informações adquiridas, amadurecendo o intelecto, abrindo possibilidades para o novo e, quando perceber o poder da mente, verá o real sentido para viver a vida com coragem, determinação, satisfação, enviando toda a energia positiva para o órgão vital da emoção, o coração.

Os poderes da mente

Capítulo 14

O poder da mente na materialização das ideias

Quais são os processos generativos entre o pensamento e a materialização das ideias? Por que algumas vezes desejamos algo e conseguimos realizar nossos desejos e outras vezes não? O que acontece no mundo dos sonhos, em que os realizadores conquistam enquanto outros continuam sonhando? Deixe de sonhar e realize. Acompanhe-me neste capítulo que irá despertá-lo para a realização.

Wayne Porto Colombo

Os poderes da mente

Wayne Porto Colombo

O autor é empresário nos ramos de Educação Corporativa, Programação Neurolinguística e Indústrias Químicas. Possui extensa formação em PNL, com especializações internacionais em Modelagem de Excelência, Panorama Neurossocial, Transformação Essencial, *Coach* generativo, Focalização, *Mindfulness* e Hipnose Ericksoniana. Possui, ainda, formação internacional em Constelações Estruturais e Constelações Organizacionais. Fundador do Instituto Nacional de Modelagem Mental, no qual promove cursos de formação em Modelagem de Excelências e atua codificando algoritmos de sucesso em pessoas que possuem excelência em seus campos de atuação, como empreendedorismo, vendas, esportes de alta *performance*, música e outros. Onde há um resultado excelente, há um modelo a ser estudado. Conheça mais no site www.modelandomestres.com.br. Nas empresas, atua na sucessão familiar por meio da Modelagem Corporativa Cultural do Fundador, bem como na construção de RH e liderança sistêmica.

Contatos
www.modelandomestres.com.br
wayne@modelandomestres.com.br
Instagram: @modelandomestres
16 98150-2228

Poderosa e grande é a mente humana!
Pode construir e pode destruir.
(Napoleon Hill)

Tudo que hoje é no mundo materializado, já foi um dia um pensamento, uma ideia, um desejo, uma necessidade no mundo sutil. A inspiração, a intuição e a visualização são recursos poderosíssimos que nós, humanos, podemos aprender e desenvolver ao longo da vida.

O poder de nossa mente em criar coisas (seja o que for) é um dos fatores principais que nos diferencia dos demais animais.

É possível que criemos coisas motivados por uma insatisfação com o *status quo*; talvez criemos para nos valer da lei do menor esforço, já que economizar energia sempre foi uma sabedoria transcendental. Algumas vezes, criamos coisas apenas para satisfazer o mais exigente dos seres com o qual nos relacionamos – o *id*.

Associando dois grandes nomes da psicanálise – Sigmund Freud e C. G. Jung – podemos entender, por analogia, que, a maior parte do que o ser humano criou foi movida pelo *id*. Segundo sua teoria psicanalítica da personalidade, Freud afirma que *id* é o componente da personalidade composto de energia psíquica inconsciente, que trabalha para satisfazer impulsos básicos, necessidades, desejos e opera com base no princípio do prazer. No entanto, para Freud, o *id* está diretamente associado à libido com vistas à sexualidade.

Porém, é possível entender que a libido não está exclusivamente motivada à impulsão sexual, mas sim, como concluiu C. G. Jung, a energia psíquica é a pura energia vital. Chegamos em um ponto em que *id* é, por consequência, a própria energia vital.

Portanto, estamos chegando a um primeiro pressuposto do poder da criação humana: criamos coisas instigados pelo *id*, ou seja, pela energia vital.

Aqui chegamos a um ponto de sincronicidade com outras teorias que traz muita luz ao tema. Temos, para a psicanálise, a energia vital, conforme descrita acima; para o taoísmo, a energia vital denominada também de *chi* (ou *Qi* ou ainda *Ki*); para o hinduísmo, temos a energia vital denominada *prana*. Essas forças energéticas e vitais são as responsáveis por colocar o universo em movimento. Essa é a força responsável pela manifestação das coisas no universo, tanto sutis quanto materia-

Os poderes da mente

lizadas. Essa energia é mais sutil que o corpo físico e mais densa que o mental. Tudo que temos criado no mundo materializado foi um processo de condensação, desde o campo sutil até o denso materializado dessas energias, algo que popularmente denomino como Cristalização das Ideias.

Parece fazer sentido para você que as pessoas mais criativas sejam aquelas mais energizadas, mais ativas, pessoas que vivem elétricas, aceleradas, com energia invejável. Ou você já viu pessoas moribundas criarem coisas fantásticas? Eu não.

Como já registrei acima, tudo começa na mente. Sendo assim, toda vez que criamos uma crença, que construímos um conceito, que tivermos uma percepção sobre algo, todo o corpo se ajustará bioquimicamente e neurofisiologicamente para a situação, resultando em um grau de energia condizente.

Por analogia, somos um reator bioquímico que emana ou consome energia pelos processos que internamente ocorrem. Nosso processo de pensamento é bioquímico, em primeira instância, manifestando-se, posteriormente, na forma de pensamentos e ideias que podem ser concretizados por intermédio da ação.

A disposição para a ação é um fator primordial para a materialização do que se deseja conquistar. Irei abordá-lo a seguir.

Voltando aos processos bioquímicos e neurofisiológicos resultantes de nosso processamento mental, quero lembrá-los de três importantes neurotransmissores – a dopamina, a serotonina e a noradrenalina. Cada um desses tem seu papel definido e contribui sobremaneira para a Cristalização das Ideias no mundo material.

A dopamina é o neurotransmissor responsável pelos estímulos neurais que resultam nos movimentos do corpo, pelas atividades físicas, pelo registro de fatos na memória e pela habilidade com matemática. Ela está diretamente associada ao prazer. Lembrem-se de que o *id* também tem como motivação a busca pelo prazer.

A serotonina é o neurotransmissor regulador do humor, da alegria, da tranquilidade, do relaxamento e do descanso, ela é responsável pela redução da dor e do desconforto. Sem serotonina, o limiar de dor diminui, a irritação aumenta, perdemos foco e concentração e os pensamentos negativos se tornam regentes em nossa mente.

Já a noradrenalina é o neurotransmissor responsável pelo estado de alerta e concentração, além de disponibilizar energia para todo o corpo. Sua falta nos deixa apáticos; seu excesso nos coloca em estado de luta ou fuga.

Existem outros neurotransmissores importantes, porém para que o Poder da Mente se manifeste na criação daquilo que desejamos esses são os mais importantes. Para exercermos a capacidade de visualização daquilo que desejamos materializar, precisamos associar a Energia Vital oriunda do Conceito *id*, da energia física e da concentração da noradrenalina à tranquilidade e aos pensamentos positivos da serotonina. Por fim, mas não menos importante, precisamos dos estímulos neurais exatos, precisos e perfeitos da dopamina para colocar o corpo em movimento naquilo que, acima, chamei de disposição para a ação.

Fica evidente que o processo de manifestar algo no mundo material passa, primeiramente, por uma sequência sutil de captação da possibilidade, percepção da utilidade, visualização da utilização, cristalização da ideia até que seja manifestado materialmente.

Para finalizar, quero que pensem agora na qualidade de sua energia vital. Tudo influencia diretamente na sua energia vital. Bons hábitos irão potencializar exponencialmente sua energia vital. Maus hábitos irão esgotar sua energia vital. As capacidades criativa, generativa, produtiva estão associadas aos hábitos que regem a maior parte de sua rotina. Sua alimentação é a energia da sua excelência. Como você tem se alimentado?

Seu descanso é a reposição da energia consumida, é um importante período para limpeza, que o sistema linfático precisa fazer, das toxinas que estão no seu corpo; é um momento de reorganização mental das ideias e vivencias. Como está o seu descanso?

Sobre o prazer, o que traz prazer e é saudável para seu corpo e sua mente?

Alinhe a qualidade de sua alimentação a um descanso justo e perfeito para seu corpo e permita-se o prazer de coisas simples em sua rotina de vida para que, a partir desse ponto de equilíbrio, possa estar atento ao mundo das ideias e tornar-se uma ponte e uma conexão ao mundo dos idealizadores.

Até que nos encontremos, desejo tudo que seja verdadeiro, tudo que seja honesto, tudo que seja justo, tudo que seja puro, tudo que seja amável e tudo que tenha boa fama em sua vida.

Fique com meu fraternal abraço.